Wat is geluk?

Maarten van Rossem

Wat is geluk?

Nieuw Amsterdam

Omslagontwerp Paul Pollmann
Omslagfoto Goffe Struiksma
Ontwerp binnenwerk Yulia Knol
NUR 740
ISBN 978 90 468 2441 2
www.nieuwamsterdam.nl
MIX
Papier van verantwoorde herkomst
FSC® C004472

Inhoud

Wat is geluk?

1 Ons gelukkige vaderland

Is het niet merkwaardig dat iemand die een reputatie heeft opgebouwd als mopperaar en cynicus zich aan een verhaal over geluk heeft gezet? Had hij zich niet beter bezig kunnen houden met de positieve kanten van depressiviteit?

Ik mag dan inderdaad graag kritisch klagen, dat neemt niet weg dat ik over de hele linie een tevreden mens ben. In dit opzicht ben ik een typische Nederlander, voor zover dergelijke wezens daadwerkelijk bestaan. Nederlanders zijn immers begaafde klagers, die zonderling genoeg aan het Sociaal Cultureel Planbureau hebben gerapporteerd dat zij in overgrote meerderheid gelukkig zijn (*De sociale staat van Nederland 2017*). U gelooft het wellicht niet, maar 67 procent van de Nederlanders is gelukkig en 15 procent zelfs zielsgelukkig. 14 procent is niet gelukkig en niet ongelukkig en slechts 3 procent is ongelukkig. 67 procent van de Nederlanders geeft het eigen leven het cijfer 8 of hoger. Deze cijfers zijn iets gunstiger dan 25 jaar geleden, maar de facto zeer stabiel.

Ik koester wel enige twijfel bij dit ongekende geluk. Dat de mensen gelukkig zijn hebben zij zelf aangegeven. Dat wil zeggen dat de mate van geluk niet objectief is gemeten, maar een subjectief, eigen oordeel betreft. Ik zou in een dergelijk onderzoek overigens liever het woord 'tevreden' gebruiken in plaats van 'gelukkig' – wat ik in het vervolg ook regelmatig zal doen. Ik besef dat tevreden en gelukkig in het dagelijks spraakgebruik heel dicht bij elkaar liggen, maar voor mij is geluk een wat sterkere emotie dan tevreden. Geluk is een plotselinge, vaak onverwachte emotie die alle andere gevoelens overstijgt. Een emotie die je de indruk geeft dat heel even alles in je persoonlijke universum op zijn plaats is gevallen. Dat komt slechts zelden voor en duurt nooit lang. Tussen geluk en de normale dagelijkse tevredenheid zijn echter nog allerlei gradaties. Over dat hele geluksspectrum gaat het in dit verhaal.

Dat Nederlanders zo massaal tevreden zijn over hun leven is overigens heel begrijpelijk. In alle denkbare lijstjes behoort Nederland al heel lang bij de gelukkigste landen ter wereld. In bijna alle gelukscategorieën scoren wij in de toptien, samen met de Scandinavische landen en landen als Zwitserland en Canada. Dat zijn landen waar je al een geluksvogel bent zodra je er wordt geboren. De Verenigde Staten, door zovelen, maar vooral door de Amerikanen zelf beschouwd als het beste land ter wereld, doen het niet best in de genoemde lijstjes.

In het nationale geluk van de Nederlanders schuilt overigens een merkwaardige paradox. Nederlanders zijn vooral zeer tevreden over hun eigen leefsituatie, over hun woning, hun familie, vrienden en kennissen, en vaak over hun werk. Ze zijn vooral tevreden als ze het gevoel hebben de regie over hun eigen leven te hebben. Maar over de Nederlandse samenleving als geheel zijn de o zo tevreden Nederlanders niet tevreden, daarmee gaat het, denken zij, de verkeerde kant op. Dat is de veelbesproken kwestie van: met mij gaat het goed, met ons gaat het slecht. Dat dit een onverklaarbare tegenstelling is, realiseren de Nederlanders zich kennelijk niet. Als zijzelf immers in zo overweldigende mate zeer tevreden zijn over hun leven, dan moet dat toch iets te maken hebben met de aard van de Nederlandse samenleving. Die functioneert kennelijk zodanig dat 82 procent van de bevolking gelukkig tot zeer gelukkig is.

Wat kan de verklaring zijn van deze paradox? Zouden de mensen hun geluk toch overdreven hebben teneinde een sociaal wenselijk antwoord te geven? Of zouden ze de persoonlijke onvrede die onmiskenbaar ook aanwezig is op de buitenwereld projecteren? Dat verklaart wellicht ook ten dele de agressieve, retorische angst- en ontevredenheidscultuur die met de opkomst van het populisme in de mode is gekomen. De massale, grove scheldpartijen op internet geven bepaald niet de indruk van een evenwichtige en tevreden populatie. En waar in het rapport is de neerslag te vinden van alle sociale en individuele narigheid die ook in het tevreden Nederland aanwezig moet zijn? Waar is de depressiviteit waar zo'n 10 procent van de bevolking last van heeft, waar is het effect van de echtscheidingen die aan 40 procent van de huwelijken een einde maken, en waar is het effect van onaangenaam werk of langdurige werkeloosheid? En dat is natuurlijk nog lang niet alles.

Dit zijn mijn veronderstellingen. Laten we voor wat meer objectiviteit eens kijken naar wat het SCP-rapport over Nederland heeft te melden. In de afgelopen kwarteeuw is het bruto binnenlands product met 68 procent toegenomen. Dat heeft als resultaat gehad dat het besteedbaar inkomen voor vrijwel alle Nederlanders, met uitzondering van winkeliers en niet-westerse immigranten, is toegenomen. 65-plussers zijn er zelfs 13 procent op vooruitgegaan. De inkomensongelijkheid is vrijwel onveranderd gebleven. Desondanks vinden Nederlanders dat die ongelijkheid te groot is. Zoals we zullen zien is de mate van die inkomensongelijkheid een onverwacht belangrijke factor in de geluksbeleving.

Anders dan je zou verwachten is het politieke cynisme niet toegenomen. Misschien zijn de schelders op het internet niet meer dan een kleine, maar luidruchtige minderheid. De tevredenheid over de democratie is in 2017 zelfs groter dan in 1990. Zouden sommige Nederlanders zich dan toch beter gehoord voelen door de opkomst van het populisme? Daarbij merkt het SCP op dat van de veel gesignaleerde 'ruk naar rechts' feitelijk geen sprake is. Sedert de vroege jaren negentig is de opkomst bij verkiezingen bovendien relatief hoog en vrij constant. Zo te zien is er dus ook geen reden voor een ingrijpende wijziging van het politieke bestel.

De arbeidsparticipatie is fors toegenomen, vooral die van vrouwen en ouderen. Het aantal flexibele arbeidsrelaties is aanzienlijk gegroeid, van 16 procent naar 22 procent. Het aantal hoogopgeleiden, dat wil zeggen mensen met een tertiaire opleiding (hbo en wo), is sedert 1990 verdubbeld, van 18 procent naar 36 procent. Vooral de levensverwachting van mannen is sterk toegenomen, namelijk met 5,9 jaar, tot bijna 80 jaar. Ook in vergelijkend internationaal perspectief doen de Nederlandse mannen het goed. De vrouwen minder, maar die hebben toch nog steeds een hogere levensverwachting. Statistisch kunnen ze bij geboorte ruim 83 jaar tegemoet zien.

De criminaliteitscijfers zijn afgenomen, en dat is niet alleen het geval in de officiële statistiek. Ook de burgers zelf zijn die mening toegedaan. Over immigranten zijn de Nederlanders, opnieuw anders dan je zou verwachten, iets positiever gaan denken. Vond in 1994 49 procent van de bevolking dat er te veel immigranten zijn, nu is dat nog maar 31 procent. De daling van het aantal leden van kerken, vakbonden en politieke partijen gaat gestaag door, maar het aantal moslims is in de afgelopen kwarteeuw verdubbeld. De expansie van het internet en de zonderlinge telefoonverslaving behoeft nauwelijks vermelding.

Het welvarende Nederland heeft ook een schaduwkant. Ruim 10 procent van de bevolking, in het bijzonder uitkeringsgerechtigden, eenoudergezinnen en arme zelfstandigen, heeft het bijzonder moeilijk. 6,6 procent van de bevolking is arm volgens de officiële cijfers. De meest gedepriveerden worden door het SCP beschreven als het 'precariaat', een woord dat ik eerlijk gezegd niet kende. Dit zijn mensen die een laag inkomen hebben, die laaggeschoold zijn en in het geheel geen regie over het eigen leven hebben. Ze leven volledig in de marge van de samenleving en komen meestentijds ook niet stemmen. Zij vormen 5 procent van de bevolking. Een dergelijke groep is er waarschijnlijk altijd geweest. Opmerkelijk is hoogstens dat die groep door de aanhoudende welvaartsstijging kennelijk niet is verdwenen.

Bij dit alles moet nog geconstateerd worden dat laaggeschoolden jaren minder lang leven dan hooggeschoolden. Kortgeleden constateerde de Wetenschappelijke Raad voor het Regeringsbeleid (WRR) dat de overheid niet langer moest proberen dat verschil te reduceren. Zij moest zich maar beperken tot kritische voorlichting over de slechte levensgewoonten van veel laaggeschoolden.

Beschouwen we deze armoedecijfers in vergelijkend perspectief, dan valt de armoede in Nederland wel mee, zij is bijvoorbeeld minder omvangrijk dan in Zweden. Al met al is Nederland een zeer welvarend land, waar de meeste dingen redelijk in orde zijn. De grote tevredenheid van de burgers over hun leven is wel begrijpelijk.

2 Klein geluk

Ik ben op 24 oktober 1943 in Zeist geboren. Ik hoor dus bij die geluksvogels die in een van de prettigste landen ter wereld zijn geboren. Ongelukkigerwijze werd ik geboren op zo'n beetje het beroerdste moment van de vorige eeuw, midden in de Tweede Wereldoorlog. De eerste anderhalf jaar van mijn leven waren risicovol en ik heb het er maar nauwelijks levend van afgebracht. Van die narigheid herinner ik mij uiteraard niets.

Mijn eerste herinnering dateert van 1948. Ik logeerde bij mijn grootouders van moederszijde in Nijmegen en had de bof, waartegen je toen nog niet werd gevaccineerd. Om de ellende van de bof te compenseren, kreeg ik een mooi houten vrachtwagentje met oranje dak, een waar geluksmoment, dat me zeven decennia later nog scherp voor de geest staat.

Voor ik probeer mijn gelukservaringen te beschrijven, moet ik eerst duidelijk maken hoezeer de herinneringen waar ik hier over schrijf zelf geluksmomenten zijn. Het was leerzaam iets te lezen over de wetenschappelijke studie van het menselijk geluk, maar het was veel leuker om het kleine geluk van mijn eigen leven terug te halen. Dit verhaal bevat een soort vederlichte memoires, met als centraal thema die ervaringen en gebeurtenissen die mij gelukkig of tevreden hebben gestemd, waarbij ik het niet kon laten allerlei aanbevelingen te doen voor boeken, films en musea die wellicht ook de lezers van dit boekje op zijn minst aangename ervaringen zouden kunnen bezorgen.

Allereerst moet een belangrijke producent van mijn kleine geluk, namelijk het Nederlandse weer, aan de orde worden gesteld. Anders dan altijd wordt beweerd – klagen over het weer is een kenmerkende Nederlandse eigenschap – heeft Nederland een fantastisch, door en door humaan klimaat. In Nederland is het nooit echt koud en ook nooit echt warm. De seizoenswisselingen duren lang en bieden een ongekende variëteit aan licht- en weerswisselingen. In Nederland zijn bijna altijd fraaie wolken te zien. Als kind kon je daar van alles in zien, van bergketens tot nijlpaarden. Pas als je ergens bent waar wekenlang geen wolk is te zien, besef je wat een zaligheid die Nederlandse wolken zijn. Juist als het eens een tijdje on-Nederlands weer is, veel te warm en te droog bijvoorbeeld, realiseer je je hoe heerlijk het gewone Nederlandse weer is. Wat een zegen een regenbuitje kan zijn, een briesje of een fijne westerstorm. Wat een genoegen is het niet, of laat ik het maar geluk noemen, als je ergens in de tweede helft van augustus de eerste herfststemming registreert, vaak vergezeld van de eerste kruisspinnen in de tuin. Even aangenaam, soms zelfs glorieus en in ieder geval zeer welkom zijn de allereerste zonnige lentedagen, vaak gevolgd door een nog koele avond met zingende merels. Dat is elk jaar weer een groot geluk, waarvan ik tranen in mijn ogen kan krijgen.

Het is in dit verband interessant te weten dat wetenschappelijk onderzoek mijn opvattingen met betrekking tot het weer niet ondersteunt. Onderzoek toont namelijk aan dat klimatologische omstandigheden geen invloed hebben op de geluksbeleving. Amerikanen zijn in Ohio, dat een gruwelijk klimaat heeft, even gelukkig als in Californië, dat een fameus mediterraan klimaat heeft. Ik kan daar slechts aan toevoegen dat wat mij betreft het Nederlandse klimaat veel beter is dan het klimaat in deze beide Amerikaanse staten.

Voor mijn generatie was er na 1945 sprake van zeven decennia vrijwel ononderbroken welvaartsgroei. De mooiste periode was zonder meer het tijdperk van de Gouden Jaren, de kwarteeuw van 1950-1975. In hoog tempo gingen we van een uiterst schraal bestaan naar grote, onverwachte welvaart. Juist dat contrast was soms gelukzalig. Zeker, er zijn daarna wel wat moeilijke jaren geweest, in de late jaren zeventig en de vroege jaren tachtig en ook in de jaren na de kredietcrisis, maar over de hele linie was de naoorlogse periode economisch een bijzonder tijdperk. Pas de laatste twee decennia beginnen we ons te realiseren dat groei niet alleen maar tevredenheid veroorzaakt.

In de geluksliteratuur lees je steeds dat grotere welvaart geen groter geluk brengt en wellicht is dat in algemene zin waar, maar het eerste echte welvaartsartikel dat in 1958 in huize Van Rossem verscheen, stemde ons wel degelijk bijzonder tevreden en bleef dat nog jaren doen. Het was een forse koffergrammofoon, uitgevoerd in wit en zeegroen, van het toen populaire Deense merk Triotrack. Een waar wonder, ook omdat mijn vader er direct flink wat platen bij gekocht had, een mix van klassiek, voornamelijk Mozart, en Franse chansons. Mijn vader was cultureel volledig op Frankrijk georiënteerd. Populair was bij ons vooral George Brassens (1921-1981) en 'Brave Margot' ontroert mij nog steeds. De populariteit van Brassens veroorzaakte een unieke gebeurtenis:

de enige keer dat ik met mijn vader naar de bioscoop ben geweest. Dat was vanwege de film *Porte des Lilas* (1957), waarin Brassens een hoofdrol speelt. Ik herinner me niets van die film, behalve dat Brassens steeds op een stoel zat. Maar samen naar het Luxortheater in Wageningen, dat was een onvergetelijke ervaring.

Bioscoopbezoek was in de jaren vijftig een uitzonderlijke zaak. Ik herinner me van die jaren maar vier films: *The Crimson Pirate*, *Bambi* ('Bambi, sta op!' – tranen!), *Porte des Lilas* en *High Society*. Ik vond ze allemaal prachtig.

Voor de volledigheid: wij lazen een krant en hadden geen radio of televisie. Dat laatste medium bestond nog niet. Na jaren wachten kregen wij in 1960 telefoon (08370-4002). Die vervulde een geheel andere functie dan tegenwoordig. De telefoon was er volgens mijn moeder alleen voor kernachtig geformuleerde informatieve mededelingen. Zodra er iets gezelligs in je telefoonconversatie sloop, riep ze: 'Daar is dat ding niet voor!'

Logeren bij opa en oma in Nijmegen, in de jaren nadat ik van de bof was genezen, bood speciale attracties. Ik vind het moeilijk een keuze te maken tussen die attracties, omdat ze allemaal sterke geluksgevoelens veroorzaakten. Laat ik dan toch maar beginnen met een van mijn grote passies: de auto. Mijn opa was in de jaren veertig en de vroege jaren vijftig directeur van een grote transformatorfabriek. Hij werd elke ochtend door een auto met chauffeur opgehaald. Het ging mij als jongetje om die auto, waarvoor ik een haast ziekelijke fascinatie had. Mijn ouders hadden geen auto en er waren in de late jaren veertig sowieso heel weinig auto's. Zeker heel weinig grote Amerikaanse auto's. Mijn opa begon met een Kaiser-Frazer, daarna was er een nachtblauwe

Hudson, een schitterende *fastback* met een stijltje in de voorruit, en hij eindigde zijn carrière in 1955 met een zeegroene Buick. Het was steeds zaak mijn opa en de chauffeur zo gek te krijgen dat ik mee mocht rijden. Dat lukte regelmatig, en het was pure gelukzaligheid. Soms gingen we helemaal naar Den Haag. Dan ging mijn oma mee en ging ik met mijn oma naar de Cineac en een taartje eten bij Formosa. Unieke traktaties! Onder historici wordt belangstelling voor auto's gezien als een gevaarlijke afwijking, maar ik heb sedertdien altijd een grote liefde voor auto's gekoesterd. Jaren later heb ik nog serieus overwogen zo'n Hudson uit 1949 in Amerika te kopen, waar ze vrij schappelijk zijn geprijsd.

Een andere bijzondere attractie van de grootouderlijke woning aan de St. Annastraat was een viaduct op loopafstand, waar je een ruim uitzicht had op een enorm spoorwegemplacement, waar zich in die jaren altijd een aantal grote Duitse stoomlocomotieven bevond. Daar heb ik ongetwijfeld mijn liefde voor stoomlocomotieven en stoommachines in het algemeen opgedaan. Daarmee is ook een eenvoudige en natuurlijke verbinding gelegd met mijn grootouders van vaderszijde, die in Delft aan het Rijn-Schiekanaal woonden, juist waar dat kanaal een bocht maakt. In het kanaal, dat toen druk werd bevaren, voeren zowel grote stoomsleepboten als platte schuiten die, volgeladen met kunstig opgestapelde bloemkolen, moeizaam werden voortgeboomd door de teler van de bloemkolen. Er was voor een nieuwsgierig jongetje de hele dag iets te zien.

3 Naar school en met vakantie

Voordat ik in 1950 naar de lagere school ging, had ik al twee jaar de kleuterschool bezocht. Ik vond die scholen geen onverdeeld genoegen. Op de kleuterschool ben ik de eerste weken tweemaal weggelopen, maar door mijn moeder onverbiddelijk weer geretourneerd. Ik werd op school geplaagd, waarschijnlijk omdat ik anders dan andere jongetjes geen drukke, gewelddadige aanleg had. Je was op de kleuterschool een sukkel als je niet bereid was je medekleuters met een schepje op het hoofd te slaan. Ik heb nog jaren verlangd naar het kloosterleven nadat ik een schoolplaat had gezien met rustig schrijvende en schoffelende monniken in een middeleeuws klooster.

Ondanks mijn afkeer van school, die mij nooit heeft verlaten, bood die school toch ook twee gelukkig stemmende attracties. Dat was de juf in de eerste en tweede klas, juffrouw Versteeg, die zich over mij ontfermde, en ten tweede, en bovenal, het feit dat ik leerde lezen. Wat een onbeschrijfelijke, dagelijks gelukkig stemmende zegen. Lezen! Mijn moeder had heel veel voorgelezen en dat kon ze goed, maar nu kon ik alles zelf lezen. Ik werd zozeer door het lezen gegrepen dat mijn moeder weleens wanhopig uitriep: ‘Ga toch eens buiten spelen, zoals gewone kinderen.’ De klassiekers van mijn kindertijd, grotendeels al eerder door mijn moeder voorgelezen, las ik nu zelf en ik herlees ze nog steeds met enige regelmaat. Dat herlezen is een patent geneesmiddel tegen depressieve gedachten. Het is altijd een genoegen, terwijl ik die boeken toch praktisch uit mijn hoofd ken.

Wat zijn die klassiekers die ik aan iedereen kan aanbevelen? Natuurlijk *Winnie de Poeh*, van A.A. Milne, waarbij u zich vooral verre moet houden van de Disneyversie. Winnie de Poeh is volgens mij nog steeds populair, wat minder geldt voor *De wind in de wilgen* (1908) van Kenneth Grahame. U zult zich ondertussen misschien afvragen: moet dit allemaal wel in een verhaal over geluk, maar het lezen van *De wind in de wilgen* stemt mij onveranderlijk intens tevreden. Het is amusant, ontroerend en spannend en een ode aan het pre-industriële Engelse landschap. Dan natuurlijk *Niels Holgersson* (1906/1907) van Selma Lagerlöf. Heeft u toevallig de tekenfilm op tv gezien, wis dan alle herinnering aan die stomme hamster meedogenloos uit uw hersens. Lees vooral het boek. Die hamster is een vulgaire, popiejopie-indringer, die niet in het boek voorkomt. U kijkt voor de rest van uw leven anders tegen ganzen aan als u het uit heeft. Uit een iets latere leesfase kan ik Jules Verne, de vleesgeworden negentiende eeuw, warm aanbevelen, vooral *Het geheimzinnige eiland* en *De verlatene*, maar natuurlijk ook *20.000 mijlen onder zee*, inclusief de prachtige ouderwetse plaatjes.

Prachtige plaatjes, zij het weer heel anders dan in Jules Verne, vormden ook een belangrijke attractie van de Verkadealbums. Die stonden bij ons op de onderste plank van de boekenkast. Ik had ze al regelmatig en uitgebreid bekeken voordat ik kon lezen. Toen ik eenmaal kon lezen bleek *Hans de torenkraai*, geschreven door H.E. Kuylman, een verbazend spannend en onsentimenteel boek, dat ik destijds meerdere malen heb gelezen. Pas veel later kreeg ik grote waardering voor de enorme kwaliteit van sommige Verkadeplaatjes. Tegenwoordig zijn mijn grote favorieten *Waar wij wonen* en *Onze groote rivieren*. Wie nostalgisch verlangt naar een sprookjesachtig mooi Nederland, moet naar de plaatjes in die twee albums kijken.

Het zal de gestudeerde literatuurliefhebbers wel pijn doen,

maar ik herlees ook elk jaar *The Lord of the Rings*, zodra de 'r' in de maand zit. Terwijl ik dit in augustus schrijf, verheug ik me daar nu al op. Heeft u dat gelezen, dan hoeft u Harry Potter niet meer te lezen en u hoeft ook niet meer te kijken naar *Game of Thrones*. Ik moet hier vooral drie klassiekers uit de jaren vijftig niet vergeten: Kuifje, Kapitein Rob en Eric de Noorman. Ach, Orm de morsige roerganger! Als kind heb ik ook genoten van Bolke de Beer en Monus de Man van de Maan, maar die vielen bij herlezing tragisch door de mand: melig en moralistisch. Heel wat beter en ook schitterend getekend zijn de Donald Duckverhalen van Carl Barks. Donald is een veel gelukkiger eend dan zijn vervelende neef Guus Geluk. Het is van belang dat te onthouden voor de rest van dit betoog over de aard van geluk.

Ik was in de jaren vijftig ook zeer te spreken over de Bob Eversboeken, waarin drie opgroeiende jongens tal van opwindende avonturen beleefden. In het beste deel in deze serie strandden zij op een onbewoond eiland. Er zijn maar weinig zaken die zo bevredigend zijn als avonturen op een onbewoond eiland. Wellicht mijn grootste liefde van die jaren was *De Kon-Tiki expeditie*, geschreven door de Noorse ontdekkingsreiziger Thor Heyerdahl. Heyerdahl wilde bewijzen dat de eilanden in de Stille Oceaan waren bevolkt vanuit Zuid-Amerika en niet vanuit Zuidoost-Azië. Later toonde DNA-onderzoek overtuigend aan dat dat onzin is, maar het leverde een magnifiek avontuur op. Het weer opgekalefaterde vlot, waarmee de reis naar een klein, onbewoond eiland in de Stille Zuidzee vanuit Peru was ondernomen, ligt nu in een museum in Oslo. Ik hoop het voor mijn dood nog te aanschouwen: een geluksmoment in de toekomst.

Vrijwel niets blijft zo scherp in je geheugen als vakantie-ervaringen. Onderzoek heeft aangetoond dat enige tegenslag bij wijze van contrastwerking de gelukservaring kan versterken. Denk aan Donald Duck, een eend die tegenslag ondervindt, maar uiteindelijk een gelukkiger eend is dan die vervelende Guus Geluk. Om hier niet de indruk te wekken dat ik in mijn jonge jaren permanent gelukkig en tevreden was, wil ik beginnen met mijn ongelukkigste, maar daardoor leerzaamste vakantie-ervaring.

Om raadselachtige redenen besloot ik in de derde klas van de middelbare school met een klasgenoot een fietstocht in de Ardennen te maken, waarbij we zouden kamperen. Mijn fiets had geen versnellingen, die van mijn klasgenoot wel. De hellingen in de Ardennen zijn verbazend steil, met als gevolg dat ik steeds te voet naar boven moest terwijl mijn klasgenoot ze in het kleinste verzet beklom. Vervolgens per fiets naar beneden was vanwege mijn trommelremmen een levensgevaarlijk avontuur. Het regende onophoudelijk. Van het kamperen herinner ik mij slechts een vrijwel verlaten kampeerterrein op een winderige heuveltop. Al snel was alles doorweekt vanwege die onophoudelijke regen, onze kleren, de tent en ook onze vakantie. Het was vreselijk, maar leerzaam: ik besloot nooit meer te kamperen. Het is desondanks door omstandigheden toch nog tweemaal gebeurd, wat mijn opvattingen over kamperen bevestigde. Kamperen is een vorm van georganiseerde zelfkwelling.

Mijn vroegste vakantieherinneringen betreffen de Heikamp, een simpel vakantiehuis in Radio Kootwijk dat mijn grootouders van vaderszijde ver voor de oorlog hadden gekocht. We gingen daar elke zomer enige weken heen. Alle herinneringen aan de Heikamp stemmen mij gelukkig. Het vakantiegevoel begon al met de lange fietstocht – althans voor een kind – onder leiding van mijn vader, van Wageningen, waar wij woonden, naar Radio Kootwijk. Mijn vader riep daarbij elke drie minuten: 'Kijk uit, let op, blijf aan de kant.' In Ede, dat toen een dorp was, moesten wij flink doorfietsen omdat we anders volgens mijn vader besmet zouden raken door het daar heersende streng-orthodoxe calvinisme. Aan het eind van de fietstocht moest je van de Harskamp via de zogenoemde Hessenweg naar Radio Kootwijk. Het militaire oefenterrein aldaar werd toen nog intensief gebruikt. Er stonden palen waarin een soort rode rieten manden gehesen kon worden. Waren die in de top, dan mocht je niet verder. Een klein familieprijsje werd uitgeloofd voor degene die als eerste de twee enorme zendmasten van Radio Kootwijk zag. Jammer genoeg zijn ze afgebroken. Vanuit de Heikamp waren er elke dag familie-expedities naar Stevenspol of Hoog Buurloo. 's Avonds gingen we pootje baden in de nabijgelegen Gerritsfles, een klein meertje. Dat waren paradijselijke zomeravonden.

Mijn twee eerste buitenlandse vakanties in de vroege jaren vijftig hebben diepe indruk gemaakt. Nog steeds herinner ik mij allerlei magische momenten en kleine conversaties. De eerste reis ging met de reeds genoemde zeegroene Buick met chauffeur naar een chalet dat mijn andere grootouders hadden gehuurd in het Zwitserse Gstaad. Toen de chauffeur een verkeerde afslag nam, zei mijn opa met een grafstem: 'Leo, we zijn nu op weg naar Berlijn,' waardoor ik nog jaren heb gedacht dat Berlijn een gruwelijk oord moest zijn. Opwindend was het eerste moment waarop de Alpen waren te zien, als een blauwe lijn aan de horizon. Voor iemand die alleen bekend was met de Wageningse

Berg was het hooggebergte een spectaculaire verrassing.

Het jaar daarna gingen wij met mijn ouders twee weken naar Parijs. Voor mijn vader was Parijs het centrum van de wereld. Om de reis te bekostigen had hij zijn microscoop verkocht. Voor een kind dat nooit een grotere stad had gezien dan Nijmegen was Parijs een overweldigende ervaring. Als product van het toen nog keurig aangeharkte Nederland vond ik het een vieze, armoedige stad en ik was diep geschokt door de talrijke clochards. Ik had nooit eerder zwervers gezien.

Van de musea die we steeds 's ochtends bezochten, herinner ik mij alleen het Louvre, dat je toen betrad via een soort keukendeurtje in de zijgevel. Direct na binnenkomst hielden we halt, omdat mijn vader een verhaal afstak over de Nikè van Samothrake, die daar stond. Hij hield steeds korte colleges bij van alles en nog wat, waardoor je door de schaarse bezoekers wat vreemd werd aangekeken. De *Mona Lisa* vond hij een vervelend schilderij. *De geslachte os* van Rembrandt, die daar in de buurt hing, vond hij daarentegen een meesterwerk.

In de middag hadden we vrij van de cultuur en dan kwam het Grote Geluk. We kregen een ijsje en zaten de hele middag met mijn moeder bij de grote, ronde vijver aan het eind van de Tuilerieën. Daar kon je prachtige zeilbootjes huren en er was altijd voldoende wind om die over de vijver naar de overkant te laten varen. Met de Franse kinderen voerde ik levendige gesprekken, terwijl ik geen woord Frans sprak. Groter is mijn tevredenheid met de wereld in de rest van mijn leven eigenlijk nooit geworden.

In datzelfde jaar 1953 fietste ik met mijn vader naar het Kröller-Müller Museum voor de grote Van Goghtentoonstelling, vanwege zijn honderdste geboortejaar. Mijn vader was een ware Van Goghfanaticus. Mijn broer heet Vincent Theodore, naar de beide broers Van Gogh, en met enige regelmaat las hij ons toen we klein waren passages voor uit de brieven van Van Gogh, die overigens zeer de moeite waard zijn. Vanuit Parijs hadden we een bezoek gebracht aan het kleine kerkhof in Auvers-sur-Oise, waar de beide broers naast elkaar zijn begraven. Achter de muur van dat kerkhof lagen de velden die Van Gogh in zijn laatste dagen heeft geschilderd er nog net zo bij als in 1890. In het Kröller-Müller gaf mijn vader ook weer college, waarvan ik mij eigenlijk niets herinner, behalve dat de andere bezoekers meeluisterden, wat hem niets kon schelen. Misschien vond hij het zelfs wel fijn en heb ik het niet van een vreemde. Naderhand gaf hij mij een mooi geïllustreerd boekje over Van Gogh cadeau, dat mij gelukkig stemde omdat het mij, zonder dat ik het had gelezen, het gevoel gaf dat ik nu alles over Van Gogh wist.

Mijn vader schilderde in zijn vrije tijd. Hij exposeerde vrij regelmatig, soms alleen, soms met kunstbroeders. Ik tekende toentertijd veel, meestal op mijn vaders atelier. Als aardigheidje exposeerde mijn vader eens een vrij groot, stevig opgezet portret van mijn hand van de bejaarde en bebaarde Monet, met een kanariegele achtergrond. Tot mijn onuitsprekelijke verbazing was het krantenbericht over mijn vaders expositie vergezeld van een forse foto van mijn Monetportret. In de krant, ik stond in de krant! Wel begreep ik dat het misschien voor mijn vader minder leuk was, al is ook mogelijk dat hij het wel ironisch vond.

4 De positieve psychologie, oftewel de gelukswetenschap

In de afgelopen decennia heeft de wetenschap een steeds grotere belangstelling gekregen voor het menselijk geluk en de mogelijke oorzaken van dat geluk. Dat is voor een niet onbelangrijk deel de verdienste van de Amerikaanse psycholoog Martin Seligman, die de uitvinder is van de 'positieve psychologie'. In Nederland was Ruut Veenhoven, vaak de 'geluksprofessor' genoemd, er vroeg bij. Veenhoven is echter een socioloog en geen psycholoog, waardoor hij meer geïnteresseerd is in de sociale condities die mensen gelukkig stemmen.

Seligman begon zijn wetenschappelijke werk met de studie van depressiviteit, en ontwikkelde van daaruit het idee dat het van groot belang is uit te vinden hoe je mensen die meestentijds niet overmatig gelukkig zijn zonder nu direct depressief te zijn, gelukkiger zou kunnen maken. Daarvoor moet uitgezocht worden wat mensen gelukkig maakt. Laat ik eerst een kort overzicht geven van de schijnbaar rotsvaste zekerheden die de studie van het menselijk geluk heeft opgeleverd. Daaruit volgen een aantal aanbevelingen voor een gelukkiger leven (die de lezer eventueel ter harte kan nemen), omdat de positieve psychologie een bij uitstek praktische wetenschap is, die een groot aantal instructieve handleidingen voor het geluk heeft opgeleverd.

De gelukswetenschap heeft uitgevonden dat ons geluk voor 50 procent wordt bepaald door onze aanleg, onze genetische bagage. Die 50 procent staat vast, daar valt niets meer aan te veranderen en heet het Set Point. Slechts 10 procent van ons geluk wordt bepaald door de omstandigheden. Resteert 40 procent potentiële geluksaanleg, waarover we vrij kunnen beschikken. Die 40 procent kunnen gebruikt worden voor gerichte strategieën om onszelf gelukkig te maken. De gelukswetenschappers stellen steeds met nadruk dat die strategieën allemaal wetenschappelijk onderbouwd zijn.

Laat ik beginnen met die zaken waar veel mensen naar streven, maar die geen bijdrage leveren aan levensgeluk. Rijkdom, roem, uiterlijke schoonheid en prestige maken de mens niet gelukkiger. Ook met een al te succesvolle carrière moet u voorzichtig zijn. In dit verband moeten we vooral vermijden onszelf steeds met anderen te vergelijken. Er is altijd wel iemand die een groter huis en een duurder horloge heeft. Ga de competitie niet aan, want u wordt er niet gelukkiger van. Integendeel, je kunt wel aan de gang blijven en je wordt er vooral ongelukkiger van. Het is overigens frappant hoezeer de geluksstrategieën parallel lopen met de kalenderwijsheden uit uw schoolagenda.

Alle materialisme (consumentisme) is uit den boze; spullen maken mensen niet gelukkig. Kopers van dure artikelen zijn steeds bezig diepe onzekerheden te bezweren. In dit verband worden overigens zo hier en daar heel verstandige adviezen gegeven. Zo vond ik een korte verhandeling tegen de aankoop van een vakantiehuis, laat staan een vakantiehuis in Frankrijk. Huur een vakantiehuisje, dat geeft veel minder zorgen en minstens evenveel plezier. Hetzelfde geldt natuurlijk voor boten – behalve als u een echte zeiler bent – en vanzelfsprekend ook voor idioot dure auto's en horloges. Hebt u de dure spullen eenmaal, dan is de lol er gauw af. Daar is ook een mooi spreekwoord voor: Het bezit van de zaak is het einde van het vermaak! Kortom: houd het leven simpel. Beschikt u toch over meer geld dan u nodig heeft, besteed het dan aan kleine pretjes, die u het liefst deelt met anderen.

Maak een klein reisje, ga lekker eten of schenk het aan een goed doel.

Verreweg de meest effectieve geluksstrategie is van sociale aard. Hoe socialer uw gedrag is, des te beter het is. Dat begint bij uw eigen familie (*your loved ones*, zoals dat in de vs heet). Geef zo veel mogelijk aandacht aan uw familie, offer uw familie niet op aan uw werk. Uit onderzoek onder stervenden blijkt dat ze vooral spijt hebben van het feit dat ze te hard hebben gewerkt, waardoor ze vrouw en kinderen verwaarloosd hebben. De rest van uw familie en ook uw vrienden zijn eveneens van groot belang. In een van de invloedrijkste handleidingen voor geluk werd in het bijzonder aanbevolen zo veel mogelijk te 'huggen'. Dat gaat mij veel te ver, ik weet zeker dat fatsoenlijk geluk ook zonder hugging mogelijk is.

Hoe hechter uw sociale netwerk, des te gelukkiger u bent. Binnen dit hechte sociale vlechtwerk moet u zich steeds hulpvaardig en vooral ook dankbaar tonen. Vrijwilligerswerk maakt gelukkig. Dankbaarheid moet u steeds expliciet uitspreken. Zeer veel geluksgevoelens krijgt u door een mooie bedankbrief van minstens driehonderd woorden te schrijven aan iemand die veel voor u heeft betekend. Doe dat met enige regelmaat. Ik heb mij het hoofd gebroken over de vraag wie ik zo'n brief zou kunnen schrijven, maar moest constateren dat iedereen die mijn oprechte dank verdient al lang dood is. Daar kom ik dus gemakkelijk van af, want het leek mij een lastige opgave. We kunnen al deze aanbevelingen samenvatten in de kalenderwijsheid 'Wie goed doet, goed ontmoet'.

Wie gelukkig wil worden moet niet alleen sociaal zo actief mogelijk zijn, hij of zij moet vooral iets doen, iets ondernemen. Geluk is actie. Geluk is doen. Geluk is werken aan een project. Als alles naar wens verloopt, kun je zo volkomen opgaan in het project, wat dat dan ook is, dat je de tijd vergeet, dat je in een soort gelukzalige trance raakt. Dat heet 'flow' en is zo'n beetje het hoogste geluk dat bereikbaar is. Flow kan ook het product zijn van gezamenlijk zingen en dansen, of van schrijven en schilderen. Lezen wordt daarbij nooit vermeld, maar ook de lezer kan de tijd vergeten, kan in trance in een alternatieve werkelijkheid verdwijnen.

In de wereld van de gelukkig stemmende projecten komen haast onvermijdelijk de woorden 'zinvol' en 'betekenisvol' tevoorschijn. Is het wel een zinvol project? Hebben we er wat aan? In strikt objectieve zin valt daar natuurlijk weinig over te zeggen.

In de roman *Het leven, een gebruiksaanwijzing* van de experimentele Franse schrijver Georges Perec (1936-1982) is de hoofdpersoon een man die zijn hele leven werkt aan een welbewust georganiseerd, totaal zinloos project. Niemand heeft er iets aan. Hij wel, want hij wordt er gelukkig van omdat hij iets te doen heeft. Veel Amerikaanse auteurs van handleidingen voor geluk zouden een dergelijk project waarschijnlijk als nihilistisch van de hand wijzen. Zij neigen nogal tot strengheid als het gaat om projecten ten behoeve van het levensgeluk. Seligman zelf stelt ook zeer hoge eisen: de gelukkige mens moet onderdeel zijn van een groter, zinvol geheel. Je mag niet zomaar een beetje vaag gelukkig zijn. Zijn gelukswetenschap mag niet ontaarden in onnozele vrolijkheidswetenschap. Aan het ware geluk worden kortom strenge eisen gesteld en betekenisvol werk vraagt structuur, verplichtingen en discipline. Daarnaast moet de ware gelukszoeker ook niet alle tegenslag proberen te vermijden. Beperkte loutering kan zinvol zijn.

Van zo'n functionele beschrijving van de zoektocht naar geluk beland je al snel bij de klassieke filosofische vraag: wat is de zin van het leven? Wie het ontbreekt aan een godsdienstig geïnspireerde levensbeschouwing zal bij die vraag ongeduldig zijn schouders ophalen. Geen zinnig mens weet wat de zin van het leven is, dat moet ieder voor zich uitmaken. In veel Amerikaanse geluksboeken komt in dit kader de godsdienst op de proppen. Een godsdienst laat mensen opgaan in een groter, betekenisgevend geheel. Vandaar dat dergelijke boeken meestal verkondigen dat mensen met een religieuze overtuiging gelukkiger en gezonder zijn dan mensen zonder zo'n overtuiging. Regelmatige kerkgang en bidden maakt gelukkig. De gelovige mens weet dat alles wat hem overkomt, ook als dat ernstige tegenslag is, in overeenstemming is met Gods Grote Plan. Niets is zinloos, God geeft het ganse universum betekenis. De zegeningen van het geloof blijken echter sterk situationeel bepaald.

Een regelmatige gast in de wereld van de gelukscreatie is de Boeddha. Die leerde, nadat hij eerst langdurig de bloemetjes buiten had gezet, dat de mens zich moet bevrijden van alle illusies en ambities; doe niet mee aan het grote schouwtoneel. Dat klinkt heel aardig in het verlengde van de geluksboodschap dat je simpel moet leven en je vooral niets moet aantrekken van de grotere auto van de buren. Maar evengoed kan die boodschap ook leiden tot quiëtisme, tot een weinig vruchtbaar disengagement met het leven dat nu eenmaal geleefd moet worden. Een echt leven, zie het leven van Donald Duck, kan niet zonder illusies en ambities. Ik ken trouwens geen enkele studie die aantoont dat boeddhisten gelukkiger en verstandiger zijn dan niet-boeddhisten.

Al deze geluksstrategieën zullen veel mensen niet onbekend voorkomen. Zoals gezegd lijken ze sprekend op bedaagde kalenderwijsheden, wat ze overigens niet per definitie irrelevant maakt. Daarbij rijst natuurlijk wel de verontrustende vraag: als we de essentie van het ware, gelukkige leven al zo lang kennen, waarom komt er dan in de praktijk zo weinig van terecht?

Eerst nog een beperkte geluksstrategie die mij wel goed beviel. Analyseer jezelf door op te schrijven wat je gelukkig stemt of juist dwarszit. Tel je zegeningen (*count your blessings*) door ze te noteren. Maak een beknopte levensbeschrijving voor je kleinkinderen. Haal geluksmomenten uit je leven terug door ze op te schrijven, daar word je gelukkig van. Om die reden is er ook niets tegen nostalgie. Dat begrip heeft sterke negatieve connotaties, maar dat is eigenlijk niet nodig. Je kunt gelukkig stemmende herinneringen aan vroeger hebben, zonder het verleden mooier te maken dan het was. Een eenvoudig liedje dat je lang niet hebt gehoord kan plotseling een heel verleden tevoorschijn toveren. 'Un ragazzo di strada' van I Corvi roept bij mij onmiddellijk een gelukzalige zomervakantie in Italië tevoorschijn in de weken na mijn eindexamen. Dit hele boekje is in feite mijn eigen geluksstrategie!

Hetzelfde geldt voor een geur of een smaak – inderdaad, de madeleine. Een vleug nostalgie, evenals een vleug melancholie kan geen kwaad. Het verleden is er, doe er wat mee. Schrijf het op, niet in voorbereiding op uw Grote Roman – dat wordt toch niks – maar gewoon om het voor uzelf vorm te geven.

5 Zekerheden?

De zekerheden van de geluksonderzoekers zijn minder zeker dan zij suggereren. Neem nu de 50-10-40-verdeling van ons vermogen tot geluksverwerving, die ik hierboven gaf. Onze erfelijke aanleg zou 50 procent van onze mogelijkheden voor geluksverwerving bepalen. Een onveranderbaar gegeven, zie ook de term Set Point. Uit onderzoek blijkt echter dat het Set Point in de loop van een mensenleven variabel kan zijn. Zo is bijvoorbeeld vastgesteld dat veel mensen met het ouder worden gelukkiger worden, zonder de hulp van een specifieke geluksstrategie. Voor tal van mensen zijn de jaren tussen het vijfenzestigste en vijfenzeventigste levensjaar de beste jaren van het leven. Bij veranderde omstandigheden kan het Set Point dus kennelijk verschuiven.

Dat de omstandigheden slechts een beperkte invloed op ons levensgeluk schijnen te hebben, valt op het eerste gezicht wel te begrijpen gezien de resultaten van het wetenschappelijk onderzoek. Er zijn tal van bekende voorbeelden. Mensen die de loterij winnen zijn wel een tijdje gelukkiger, maar vallen vrij snel terug in hun oorspronkelijke gelukstoestand. Datzelfde geldt voor het huwelijk. Mensen hebben een verbazingwekkend vermogen om zich aan te passen aan veranderde omstandigheden.

Dat de omstandigheden van beperkte invloed zijn, zouden we ook kunnen afleiden uit het op het eerste gezicht opmerkelijke gegeven dat vrijwel alle mensen in de wereld tevreden blijken te zijn over hun leven, terwijl toch de levensomstandigheden zeer verschillend kunnen zijn. Zelfs de krotbewoners in Calcutta zijn soms tevreden mits hun kinderen niet ziek zijn. Hierbij moeten we ons steeds realiseren dat het om het subjectieve gevoel gaat. Het is de mening van de betrokkenen zelf. Daar kan allereerst een rol spelen dat die tevredenheid een sociaal gewenst antwoord is. Wie wil er nu toegeven dat hij doodongelukkig is? In de tweede plaats lijkt deze subjectieve tevredenheid sterk situationeel bepaald. Als iedereen in je omgeving een armoedig bestaan leidt, vind je het normaal dat je zelf ook zo'n bestaan leidt. Zolang er dan geen sprake is van een acute noodtoestand, constateer je al snel dat je redelijk tevreden kunt zijn. Zo is het leven nu eenmaal, denk je dan.

Wordt die tevredenheid comparatief onderzocht, waarbij zo veel mogelijk objectiveerbare variabelen worden bekeken, dan leveren verschillende omstandigheden wel degelijk grote verschillen in tevredenheids- c.q. gelukscijfers op. Daarvoor hebben we de talloze ranglijsten van de mate van welbevinden in de verschillende landen van de wereld. Die leveren met slechts geringe onderlinge verschillen steeds dezelfde resultaten, en dat in positieve en negatieve zin. Ik geef ten bewijze daarvan en om die magere 10 procent omstandigheden te relativeren een aantal aansprekende voorbeelden.

Laat ik beginnen met de Kwaliteit van Leven Index (ook wel de *Where to be Born Index* genoemd). Die is gebaseerd op een flinke reeks variabelen: inkomen per hoofd, levensverwachting, percentage echtscheidingen, familieleven, politieke vrijheid, werkloosheid, klimaat(!), moordcijfers, lidmaatschap van diverse maatschappelijke organisaties, corruptie en ten slotte gendergelijkheid. Hoe ziet de toptien van deze index er uit? 1. Zwitserland, 2. Noorwegen, 3. Australië, 4. Zweden, 5. Denemarken, 6. Singapore, 7. Nieuw-Zeeland, 8. Nederland, 9. Canada, 10. Hongkong. De Verenigde Staten zijn nummer 17. De beroerdste landen zijn

Nigeria, Kenia, Oekraïne en Bangladesh. Wat opvalt in deze index is dat vooral kleine tot zeer kleine landen het goed doen. Er zijn twee stadstaten bij. Canada en Australië zijn geografisch wel heel groot, maar hebben een relatief kleine bevolking. Het *World Happiness Report*, dat zich baseert op inkomen per hoofd, sociale ondersteuning van de burgers, gezonde levensverwachting, vrijheid, generositeit en de mate van corruptie, komt tot de volgende toptien: 1. Finland, 2. Noorwegen, 3. Denemarken, 4. IJsland, 5. Zwitserland, 6. Nederland, 7. Canada, 8. Nieuw-Zeeland, 9. Zweden en 10. Australië. De onaangenaamste landen in deze index zijn Burundi, de Centraal-Afrikaanse Republiek en Zuid-Soedan. De *Life Satisfaction Index* van de OECD geeft: 1. Noorwegen, 2. Denemarken, 3. Zwitserland, 4. IJsland, 5. Finland en 6. Nederland. Griekenland, Turkije en Portugal scoren hier het slechtst. Voer je ook macht en ondernemingslust op in de variabelen, zoals de index van het Amerikaanse tijdschrift *US News and World Report* doet, dan ziet de lijst er direct heel anders uit. Dan verschijnen de VS, het Verenigd Koninkrijk en Japan in de toptien. Maar die index maakt op mij geen professionele indruk vanwege de gekozen criteria.

Wat voor conclusies vallen er uit deze indexen te trekken? Generaliserend kun je stellen dat kleine, rijke landen met relatief geringe inkomensverschillen en die competent worden bestuurd het voortreffelijk doen. In vrijwel al die landen is sprake van goede sociale voorzieningen. De geringe grootte van de bevolking zorgt waarschijnlijk voor een redelijke homogeniteit. Verbazingwekkend is dat natuurlijk niet. Opmerkelijk is de afwezigheid van een land als Duitsland in de top en de structureel beroerde score van de VS, die toch een van de rijkste naties ter wereld zijn. Het gaat hier vanzelfsprekend om statistische gegevens. Het is ongetwijfeld mogelijk om in Denemarken diep ongelukkig te zijn en in Burundi zielsgelukkig. De kans echter dat je in Denemarken een zeer tevreden en relatief risicovrij leven kunt leiden is aanzienlijk groter dan in Burundi. Ondanks kleine variaties maken de indexen duidelijk dat de omstandigheden er wel degelijk meer toe doen dan de geluksonderzoekers claimen.

'Geld maakt niet gelukkig' is een klassieke kalenderwijsheid, die ook door de geluksonderzoekers wordt ondersteund. Helemaal juist is deze voor armoedzaaiers zo bemoedigende observatie echter niet. Voor mensen die onder de armoedegrens leven, is wat extra geld een ware zegen. Zelfs bij een modaal inkomen is laten we zeggen 20 procent erbij zeer welkom. Pas bij een inkomen boven de 75.000 dollar verdwijnen de positieve effecten van een hoger inkomen. Dat zou betekenen dat in Nederland extra inkomen boven tweemaal modaal (tweemaal 37.000 euro) niet noemenswaard meer geluk veroorzaakt. Toch zijn mensen die gemakkelijk van hun inkomen kunnen leven een fractie tevredener dan mensen die steeds aan de grenzen van hun financiële kunnen zitten. Geld maakt misschien niet gelukkig, het biedt wel meer mogelijkheden en daardoor een grotere autonomie.

Een groot deel van de welgemeende adviezen en aanbevelingen van de geluksindustrie lijkt toegesneden op de welvarende middenklasse. Zo zijn de eisen die Martin Seligman bijvoorbeeld stelt aan het ware geluk wel bijzonder streng. Noodzakelijk voor het ware welbevinden, wat Seligman *florishing* noemt, zijn volgens hem: een leven van zin en doel, zelfaanvaarding, persoonlijke groei, positieve sociale relaties, volledige ontplooiing van de persoonlijkheid en ten slotte een zekere mate van controle over eigen leven en werk. Je begrijpt wel zo'n beetje wat hij bedoelt met zinvol, maar die term valt niet overtuigend te objectiveren. Wie zal zeggen of een leven zinvol is? Vind ik mijn leven zinvol? Eerlijk gezegd heb ik geen idee.

Het idee van zelfontplooiing en een zekere controle over het eigen leven is heel aardig en waarschijnlijk relevant voor mensen met een goed betalende baan ergens aan de bovenkant van de samenleving, maar voor een zeer groot deel van de werkende bevolking is dat een onmogelijke eis. Heel veel werk is ronduit onaangenaam en geestdodend. Het wordt alleen maar gedaan om geld mee te verdienen. Van een zingevend engagement is dan geen sprake. Dergelijk werk leidt tot apathie en vaak tot gezondheidsklachten, van controle is geen sprake, de werknemer voelt zich permanent machteloos.

Ik heb ooit een bezoek gebracht aan de fabriek in de buurt van Detroit waar de Ford F150 wordt geassembleerd – de best verkopende auto op de Amerikaanse markt – en kan getuigen dat daar de arbeidsomstandigheden aan de lopende band niet aangenaam zijn. De door mensen verrichte handelingen zijn routineus, het tempo ligt hoog en het was bovendien een werkelijk oorverdovende herrie in die fabriek. Dat zal in veel andere fabrieken niet anders zijn en veel werk aan de onderkant van de arbeidsmarkt is nu eenmaal niet benijdenswaardig. Of je na acht uur onder dergelijke werkomstandigheden bezig te zijn geweest 's avonds nog tot mooi vrijwilligerswerk komt, weet ik niet.

De gelukspsychologen signaleren zo nu en dan wel de negatieve effecten van de grote ongelijkheid in de westerse samenlevingen, en zeker in de Verenigde Staten, maar het is wel duidelijk dat zij er weinig tot niets voor voelen om zich op het terrein van de politiek te begeven. Geluk blijft zo een in hoge mate individuele zaak. Maatschappelijke hervormingen komen niet of nauwelijks aan de orde. De gelukspsychologie loopt zo het risico dat zij de maatschappelijke context volledig uit het oog verliest en zich louter concentreert op de gelukscreatie van het individu. Zeker in de VS, waar de gelukspsychologie grotendeels vandaan komt, is van arbeidersparticipatie in bedrijfsbeslissingen of van actieve vakbonden nauwelijks sprake. Het bedrijfsleven voert daar zelfs een keiharde en effectieve strijd tégen vakbonden.

De handleidingen voor geluk laten zien hoe je gelukkig moet worden, dus als je niet gelukkig bent is dat je eigen schuld. Geluk is dan een keuze. Dat is een wel zeer gemakzuchtige stelling, waarbij dus het maatschappelijke systeem geheel buiten schot blijft. Dat je geheel en al zelf verantwoordelijk bent voor je levensgeluk, versterkt de onaangename effecten van een zeer competitieve neoliberale samenleving. Die stelt immers dat maatschappelijk succes een strikt individuele zaak is. Wie geen succes heeft, heeft dat aan zichzelf te wijten. Niet gelukkig? Geen succes? Allemaal je eigen schuld. Zo heeft de meerderheid van de bevolking algauw het gevoel gefaald te hebben.

De overtuiging dat godsdienst de mensen gelukkiger maakt, blijkt ook sterk samen te hangen met de omstandigheden. Kerkgang en gebed zijn effectief in een situatie waarin de meeste mensen godsdienstig zijn. Waar het geloof kortom sociaal ook wenselijk is. Dat is natuurlijk vooral in de VS het geval. In de meeste West-Europese landen, waar het actief beleden geloof gemarginaliseerd is, zijn atheïsten niet in het nadeel bij de geluksverwerving. Wel is interessant dat geloof veel meer voorkomt in zeer onrechtvaardige samenlevingen. Daar waar de mens zich volledig machteloos voelt, biedt geloof de zekerheden die verder zo volkomen ontbreken. Dat de omstandigheden wel degelijk meer invloed kunnen hebben dan verondersteld, blijkt bijvoorbeeld ook uit de enorm negatieve effecten die werkloosheid veroorzaakt. Zelfs als weer werk is gevonden blijft de werkloosheid een beschadiging van de persoonlijkheid.

6 Wandelen en ander geluk

Ik heb mijn hele leven gewandeld. Indien mogelijk wandel ik nog elke avond een klein uur. Ik wandel niet voor de gezondheid, dat heb ik ook nooit gedaan. Ik wandel ook niet voor de stappenteller, ik wandel gewoon omdat ik het prettig vind. Of zo u wilt, omdat ik er gelukkig van word. Ik heb in mijn leven met allerlei mensen gewandeld, en die zijn mij allemaal dierbaar. Het komt bij die wandellust goed uit dat flink bewegen een van de allerbeste geluksstrategieën is. Bent u depressief, ga flink bewegen, maar maak het niet te gek door bijvoorbeeld naar de sportschool te gaan; ga wandelen, zelfs in weer en wind.

Het wandelen begon met mijn moeder, een vrij fanatieke wandelaar. Als het even mogelijk was werd er zondagmiddag een flinke wandeling gemaakt; twee uur was wel het minimum. Wageningen had en heeft het voordeel dat je er wandeltechnisch alle kanten op kunt. Ik beperk mij, wat betreft de wandelingen met mijn moeder, tot een specifieke wandeling, omdat daar een aantrekkelijke beloning aan verbonden was. Die wandeling ging naar de Panoramahoeve, een klein wit boerderijtje dat iets ten oosten van Bennekom aan een open plek in het bos was gelegen. De Panoramahoeve serveerde poffertjes en ik ben geboren met een unieke voorliefde voor poffertjes (mijn Poffer Set Point ligt hoog). Lekkere poffertjes komen niet zomaar tot stand, zij vragen het juiste beslag en ook de juiste bakwijze. Eigenlijk moet u even gaan kijken naar de weergaloze wijze waarop de pofferprofessional de poffertjes razendsnel met een vork keert. Dat te zien maakt al gelukkig. Dan neem je een dubbele portie met dubbel roomboter en je kunt spreken van een machtig moment, zowel in letterlijke als figuurlijke zin.

Nu ik toch in deze branche ben beland: ik word ook gelukkig van appelpannenkoeken met kaneel, boter en suiker, mits de pannenkoeken de juiste dikte hebben. De pannenkoeken in pannenkoekenhuizen zijn meestal veel te dik. Eten is ook geluk en hoeft helemaal niet exotisch te zijn om dat geluk te verschaffen. De huidige eetcultuur, zoals gepropageerd door beroepseters, is wat mij betreft volledig ontspoord.

Terug naar de wandeling. Mijn opa van moederskant was tot op hoge leeftijd zeer vief en ik heb veel met hem gewandeld nadat hij verhuisd was naar De Steeg, waar zich achter zijn woning de hele zuidelijke Veluwe ontvouwde. Mijn voorkeur ging daarbij uit naar de wandeling naar en door de Onzalige Bossen. Er is een verklaring voor die naam, maar die zou die bossen maar beroven van hun magische karakter. Een wandeling met een dergelijke bestemming kan niet meer misgaan, maar ik was extra tevreden gestemd als we wilde zwijnen zagen of hoorden. Dat was spannend omdat in de buurt van de zwijnen een zekere omzichtigheid was geboden.

In mijn middelbareschooltijd wandelde ik elke avond met mijn vriend en klasgenoot Frank van Wijk. Wij verkenden samen al pratend de wereld. Omdat wij verlegen jongens waren, het volstrekte tegendeel van blitsmakers en versierders, hadden wij het nooit over meisjes of andere emotionele zaken. Wij bespraken het wel en wee van de wereld en werden daar beiden wijzer van. Het klinkt wat wijsneuzig, maar het waren waarlijk socratische gesprekken. We hadden dagelijks zoveel te bespreken dat we na voltooiing van onze standaardwandeling, die deels langs de dijk voerde, soms nog wel vijf keer op en neer liepen van mijn huis naar zijn huis. Jaren later reed ik nog weleens een enkele maal op een mooie zomeravond van Utrecht naar Wageningen om die standaardwandeling zelf nog eens te maken. Ik schreef het al, nostalgie kan gelukkig stemmen.

Voor ik Wageningen verlaat, wat mij moeite kost omdat mijn geest nog deels in Wageningen woont, wil ik nog twee gelukkig stemmende herinneringen noemen.

Allereerst het uitzicht vanaf de Wageningse Berg. Zit het een beetje mee, dan kun je daar heel in de verte de blauwe heuvels van het Montferland zien. Dat geeft een gevoel van ruimte dat wordt onderstreept door de rivier op de voorgrond. Een enkele berg in een vlak land is nodig om de geest te verruimen en een rivier verbindt met de rest van de wereld.

En de zaterdagmiddagen, waarop ik altijd naar Kniphorst's Wetenschappelijke Boekhandel in de Hoofdstraat wandelde, waar ik net zoveel en zo lang mocht lezen als ik zelf wilde, ook als ik niets kocht. Daardoor heb ik daar werkelijk de gekste dingen gelezen, van *Kuifje* tot een boek van de creatieve Australische archeoloog Vere Gordon Child – waar ik niet veel van begreep. Sowieso was toen de zaterdagmiddag, nadat je 's ochtends nog naar school was geweest, de fijnste tijd van de week. Elke week een soort minivakantie. Met de zondag heb ik altijd moeite gehad. Ongetwijfeld door mijn wekelijkse bezoek aan Kniphorst ben ik een liefhebber van boekwinkels geworden. Waar ik ook ben, ik probeer altijd een boekhandel te bezoeken.

Alweer lang geleden was er in Utrecht een kleine boekhandel, gevestigd in een voormalige slagerij, waar je ook een kopje thee kreeg. Als je daar zaterdagmiddag zat, kwam je vaak je aardigste kennissen tegen. Heel lang heb ik de wens gehad een eigen boekhandel te beginnen. Liefst ook een kleine, wat stoffige winkel met een leuk belletje, in een achterafstraat in een vriendelijke provinciestad. Het zal er niet van komen, maar het is een mooi idee.

In Utrecht maak ik elke avond in mijn eentje een wandeling. In Utrecht-Oost kunnen diverse aantrekkelijke stadswandelingen worden gemaakt. Hoewel ik niets moet hebben van oosterse wijsheid en alles wat daarmee te maken heeft, kan die dagelijkse wandeling wellicht toch beschreven worden als een zenmoment. Als ik om wat voor reden dan ook niet kan wandelen, voel ik me opgesloten. Op de wandeling kun je op een aangenaam rommelige manier aan van alles en nog wat denken. Je kunt met jezelf converseren, je kunt de eerste en laatste regels van het stukje bedenken dat je nog moet schrijven en tegelijkertijd de kleine veranderingen in de buurt registreren. Ondertussen wisselen de seizoenen en het licht.

Een extra attractie in Utrecht-Oost is het Wilhelminapark,

dat op zijn best is als het weer niet al te best is, omdat dan de hordes barbecuers zijn verdwenen. Parken horen tot de allerbeste creaties van de mens. De natuur vraagt een zekere ordening. Zomaar natuur, zoals de Here die na zes dagen heeft achtergelaten, is vaak een weinig inspirerend rommeltje. Het ware landschap is een parklandschap: goed doordachte zichtlijnen, een elegante waterpartij, desnoods nog een folly in de vorm van een romantische ruïne waar uilen kunnen nestelen. Zo hoort het.

7 Geschiedenis en de sterren

De redenen waarom ik historicus ben geworden, vinden hun oorsprong in de laatste jaren van de lagere school en de eerste jaren van de middelbare school. Op mijn lagere school werd gebruikgemaakt van de prachtige historische wandplaten van J.H. Isings. Hij heeft tientallen van die platen gemaakt, die voor mijn generatie een iconische voorstelling boden van hoogtepunten uit onze geschiedenis. Tegenwoordig kijken we deels heel anders tegen ons verleden aan, maar dat maakt die platen niet minder waardevol. Ze zijn in zekere zin zelf deel geworden van een betekenisvol vaderlands verleden. In mijn klaslokaal bevonden de platen zich in gele kasten met een klapdeur, aan de rechterzijde van het lokaal, en je was blij als er een tevoorschijn werd gehaald.

Nog niet zo lang geleden bezocht ik het Quaeckernaeck Antiquariaat, een enorme ruimte gevuld met de grootste collectie historische wandplaten die ik ooit heb gezien. Ik raakte daar in een gelukzalig platencoma en besloot ook zelf een schoolplatenmuseum te beginnen. Jammer genoeg is het daar nog niet van gekomen.

Een van die vele meesterwerken van Isings verbeeldt de fameuze *Overwintering op Nova Zembla*: op de afbeelding zijn de overwinteraars bezig met de executie van een ijsbeer. Over die overwintering maakte ik in de zesde klas – groep acht voor de jonge lezers – van de lagere school een omvangrijk werkstuk, voorzien van tekeningen, uitgeknipte plaatjes en ingekleurde kaartjes. Ik ben helemaal geen fröbelaar, maar historisch fröbelen vond ik leuk. En vergeet niet: voor de gelukscreatie is het van belang aan een project te werken. Ik won met het werkstuk ook een prijs.

Aansluitend kreeg ik in de eerste twee klassen van het Wagenings Lyceum een begeesterende geschiedenisleraar in zwierige kleding, mijnheer De Jong, merkwaardig genoeg een jurist. In die eerste twee jaren ging het over de Soemeriers en alles wat daarna kwam in het Midden-Oosten. Weer kon ik gelukzalig aan de slag met plaatjes en kaartjes. Ik vond het allemaal even fascinerend. Samen met mijn zwager, van wie ik toen nog niet wist dat hij mijn zwager zou worden, begon ik aan een omvangrijk boek over het Oude Egypte. Ik tekende de plaatjes en hij kon hiërogliefen lezen. We zijn niet ver gekomen. Na het vertrek van De Jong kregen wij de slechtste geschiedenislerares van West-Europa. Zij sloeg de Eerste Wereldoorlog over omdat Nederland neutraal was gebleven. Maar het deed er al niet meer toe, want mijn interesse in geschiedenis was al gewekt.

Na lezing van C.W. Cerams *Goden, graven en geleerden* nam ik mij voor archeoloog te worden. In de volgende jaren spaarde ik mijn zakgeld om de prachtige historische atlassen van Elsevier te kopen, zoals bijvoorbeeld de *Atlas van de westerse beschaving* van F. van der Meer. Met het huidige beeldgeweld is lastig voorstelbaar hoe trots en gelukkig ik was met die multimediale atlassen avant la lettre. Dit stukje stemt mij nu zo vrolijk dat ik nog even heb overgelezen hoe Van der Meer het hoofdstuk 'Hellas' begint.

Bijna even gelukkig was ik met P.J. Boumans *Cultuurgeschiedenis van de twintigste eeuw*. Dat was het duizendste deel in de toen uiterst populaire Prismareeks. Een boek met kleurenplaatjes voor fl. 1,25! Dat was een wonder. De socioloog Bouman was in de jaren vijftig Nederlands beroemdste historicus. Zijn *Revolutie der eenzamen. Spiegel van een tijdperk* (1953) werd meer dan dertig maal herdrukt. Ik vond dat in die jaren een prachtig boek en kan mij nog steeds bepaalde passages herinneren. Veel later hoorde ik dat academische historici het maar een waardeloos, oppervlakkig en sentimenteel boek vonden. Daarbij kan ik hoogstens opmerken dat geen enkele academische historicus zich in die jaren waagde aan een spiegel van zijn tijd die een middelbare scholier gefascineerd kon lezen. Elk boek dat ik in die jaren kocht was voor mij een nieuw, kostbaar bezit.

Mijn andere passie van die jaren was de astronomie. Dat kwam door de eveneens door Elsevier uitgegeven *Atlas van het heelal* (1958), van de hand van B. Ernst en T.E. de Vries. Die atlas werkte sterk op mijn romantische verbeelding. Zo sterk dat ik besloot amateurastronoom te worden. Ik spaarde lang om bij de firma Eikendal, die nog steeds bestaat, een kleine telescoop te kopen, een 90 mm refractor, met diverse oculairs en een zonnefilter, ondergebracht in een fraaie houten kist. Ik deed waarnemingen in de uiterwaarden, wat prima lukte doordat in die jaren de hemel boven de Betuwe nog aardedonker was. Het eerste object dat ik bekeek, soms vergezeld van klasgenoten die het wel interessant vonden, was de maan.

De eerste telescopische blik op de maan was zonder meer een magisch moment. Natuurlijk kende ik gedetailleerde foto's van de maan, maar het haarscherpe, verrassend heldere beeld dat ik nu zelf waarnam, was toch een wonderbare ervaring. Het was tegelijkertijd ook de beste ervaring met mijn bescheiden kijkertje. De zon was ook leuk, vanwege de zonnevlekken, maar de planeten waren om eerlijk te zijn lichtelijk teleurstellend. Aan Mars was niet veel te zien, de manen van Jupiter deden wat ze moesten doen en Saturnus leek nog het meest op een klein helder kopje met twee oortjes. Ik weet niet of ik op het idee zou zijn gekomen dat dat de ringen rond de planeet zijn, als ik dat niet had geweten.

Ik gebruikte mijn telescoop na het eerste euforische moment – wat Galilei gevoeld moet hebben, die dit allemaal als eerste had gezien – met afnemende frequentie. Nu heb ik hubblesite.org standaard ingesteld op mijn computer. Daar staan zulke prachtige foto's op dat ik geen telescoop meer nodig heb. Je kunt die Hubblefoto's enorm vergroten op je scherm. Vervolgens doe je de bureaulampen uit, en heb je een waar geluksmoment. Geen ander instrument heeft mij zo veel genoegen gedaan als de Hubbletelescoop.

In een stad als Utrecht valt er aan de nachtelijke hemel niet veel meer te zien dan een paar heldere sterren. Maar op Texel is dat, zeker bij een heldere hemel eind oktober, wel anders. Daar is het een echt herfstgenoegen om te zien of je met het blote oog de Andromedanevel kunt zien. Dat is het verst verwijderde object dat met het blote oog waarneembaar is, op 2,5 miljoen lichtjaar van de aarde. Ook de Melkweg is daar in volle glorie te zien. U heeft trouwens geen telescoop nodig om sterren te bekijken, met een goede verrekijker valt ook veel te zien.

Ondanks mijn belangstelling voor de sterren heb ik nooit overwogen astronomie te studeren. Ik begreep wel dat mijn mathematische talent daarvoor niet toereikend was.

8 De geluksindustrie en de samenleving

Ik heb er al op gewezen dat de positieve psychologie de neiging heeft zich te beperken tot het welbevinden van het individu, waarbij de maatschappelijke context van het menselijk bestaan gemakkelijk op de achtergrond raakt. De positieve psychologie voelt er kennelijk weinig voor zich op politiek terrein te begeven. Dat is zeker in de Verenigde Staten, het thuisland van de geluksindustrie, goed te begrijpen. De adviezen van de positieve psychologie zijn immers systematisch in tegenspraak met de politieke en sociaal-economische ontwikkelingen in de VS van de afgelopen veertig jaar.

Toch blijkt uit alle onderzoek dat sociaal-economische variabelen een uiterst belangrijke rol spelen bij het geluksbevinden van de burgers. De dominante variabele als het gaat om de maatschappelijke impact op het geluk van de burgers is de mate van sociaal-economische ongelijkheid. Juist in de VS is de mate van inkomensongelijkheid in de afgelopen decennia zeer sterk toegenomen. De VS vormen zodoende, ongetwijfeld onbedoeld, een hoogst interessant experiment. In de eerste decennia na de Tweede Wereldoorlog waren daar de inkomensverschillen wel iets groter dan in West-Europa, maar toch niet zo dat van een fundamenteel verschil kon worden gesproken. Dat is nu wel het geval. De VS bevinden zich nu qua inkomensongelijkheid op het niveau van Mexico of Brazilië. Onderzoek laat zien dat veel sociale problemen er veel groter zijn dan in West-Europese landen als Noorwegen, Denemarken, Zweden, Finland, Nederland en Zwitserland.

De disfunctionaliteit van de Amerikaanse samenleving is in velerlei maatschappelijke sectoren ronduit schokkend. Dat is opmerkelijk als we alleen letten op het Amerikaanse bbp. De vs behoren immers tot de allerwelvarendste landen ter wereld. Doorslaggevend is echter niet de totale nationale rijkdom, maar de wijze waarop die rijkdom binnen de natie is verdeeld. Veel armere landen dan de vs vertonen veel minder disfunctie omdat zij een veel egalitairdere inkomensverdeling hebben. Interessant is dat de positieve psychologie nu juist in de vs is ontstaan, zo rond de jaren zestig, door de onverklaarbare toename van stress en depressiviteit, ondanks de stijgende welvaart.

De dominante basisfilosofie van de Amerikaanse samenleving is competitief en materialistisch. Dat is ook in West-Europa natuurlijk deels het geval, maar daar worden de gevolgen van die basisfilosofie voor een belangrijk gedeelte gedempt door de herverdelingspolitiek van de overheid. Er is een aardig experiment dat duidelijk maakt waarom Amerikanen minder tevreden zijn dan West-Europeanen. Aan proefpersonen werden twee geanonimiseerde maatschappelijke modellen voorgelegd, in werkelijkheid ging het om de vs en Zweden. De proefpersonen moesten vervolgens zeggen welk model hun voorkeur had. 90 procent van de Amerikanen koos voor Zweden. Republikeinen scoorden nauwelijks lager dan Democraten. De meeste Amerikanen hebben ook geen idee van de enorme inkomensverschillen in hun land. De media tonen bij voorkeur het leven van de rijken en de 'sterren'.

De economische ontwikkelingen van de afgelopen vier

decennia hebben voor veel Amerikanen geleid tot het verlies van traditionele zekerheden. Schaalvergroting, systematische bezuinigingen op sociale uitgaven, de kostbaarste en minst effectieve gezondheidszorg ter wereld, ingrijpend machtsverlies van de vakbonden, plus vergaande individualisering op velerlei terrein hebben veel Amerikanen het gevoel gegeven dat ze de controle over hun bestaan zijn kwijtgeraakt. In West-Europa werkt zo'n 70 procent van de arbeidende bevolking op basis van een cao, in de VS is dat 15 procent. Ook arme Amerikanen hebben allerlei welvaartsspullen, zoals auto's, flatscreens en mobiele telefoons, maar het ontbreekt hun aan zekerheid en veiligheid.

Slechts een klein deel van deze ontwikkelingen valt te wijten aan grote structurele krachten in de wereldeconomie: de globalisering. Het overgrote deel is het directe gevolg van politieke keuzes. De enorme maatschappelijke scheefgroei in de VS dateert vooral van na 1975, van al die jaren dat de Republikeinen de facto de dienst uitmaakten. De Democraten valt te verwijten dat ze eigenlijk geen overtuigend antwoord hadden op de Republikeinse politieke dominantie. Zodoende bieden de VS ons nu een overtuigend model hoe je de samenleving vooral niet moet inrichten. Laten we daar ons voordeel mee doen.

Onderzoek laat zien hoe negatief de veranderingen in de Amerikaanse samenleving hebben uitgewerkt. Sedert de jaren tachtig daalt de levensverwachting van blanke mannen in de VS, in het bijzonder van laagopgeleide blanke mannen. Die zijn ingrijpend teleurgesteld omdat voor hen evident de Amerikaanse Droom niet meer functioneert. Zij zullen het welvaartsniveau van hun ouders niet halen en verkeren in onzekerheid over de maatschappelijke toekomst van hun kinderen. De levensverwachting van mannen in Griekenland, een veel armer land dan de vs, ligt beduidend hoger. De levensverwachting van zwarte mannen in de vs is lager dan de levensverwachting van mannen in Bangladesh. Inderdaad, een van de rijkste landen ter wereld vertoont vaak de defecten die karakteristiek zijn voor derdewereldlanden.

Ontsnappen uit armoede en onzekerheid is in de vs vrijwel onmogelijk, omdat daarvoor een tertiaire opleiding noodzakelijk is en nu juist het tertiaire onderwijs de laatste decennia duurder en ontoegankelijker is geworden. De sociale mobiliteit, ooit in de vs aanzienlijk groter dan in West-Europa, is nu veel minder groot. Wie had gedacht dat dat mogelijk is: een land met een egalitair ethos en tegelijkertijd een in cement gegoten klassenstructuur. Je hebt in Nederland aanzienlijk meer kans om vanuit een eenvoudig milieu miljonair te worden dan in de vs. Welke ellende je ook benoemt, hij komt in de vs frequenter voor dan in enig ander schatrijk land: tienerzwangerschappen, obesitas, levercirrose et cetera. Eenoudergezinnen vormen in de vs een slechte start voor opgroeiende kinderen. Veel jongens uit dergelijke gezinnen eindigen in de gewelddadige criminaliteit. Interessant genoeg hebben eenoudergezinnen in Zweden dit effect helemaal niet, omdat die gezinnen effectief worden beschermd door de verzorgingsstaat.

Geen enkel welvarend land heeft zo veel mensen in gevangenissen opgesloten als de vs. Diverse staten besteden meer geld aan het gevangeniswezen dan aan het hoger onderwijs. Een buitenproportioneel deel van de gevangenen is zwart. De positie van de zwarte minderheid is wel wat verbeterd sedert de jaren zestig, maar veel minder dan werd verwacht en gehoopt. In veel arme zwarte wijken is de politie een zwaarbewapende bezettingsmacht. Denk aan de onophoudelijke executie van jonge zwarte mannen op straat. Waar West-Europese landen 'high trust societies' zijn, zijn de VS een 'low trust society'.

Een instructief historisch voorbeeld is Engeland tijdens de Tweede Wereldoorlog. De nationale solidariteit tijdens de oorlog, onderstreept door voedseldistributie en andere maatregelen om het leed eerlijk te verdelen, zorgde voor een hele reeks positieve effecten, onder meer een stijging van de levensverwachting. Let wel: tijdens de oorlog!

Dit alles maakt duidelijk waarom de VS zo slecht scoren op de hierboven genoemde indexen. Het maakt ook duidelijk welk beleid tot minder sociale disfunctie leidt: zorg bovenal dat de inkomensongelijkheid niet toeneemt. Hoe kleiner die ongelijkheid is, des te minder mensen het gevoel zullen hebben kansloos te zijn. Snel toenemende inkomensverschillen zijn vrijwel altijd het gevolg van politieke maatregelen of het uitblijven van politieke maatregelen. Geen beleid is evengoed beleid. Aan de bovenkant van de samenleving ontbreekt het zelden aan zekerheden. Het is de overheid die dient te zorgen voor een gevoel van maatschappelijke veiligheid en zekerheid aan de onderkant van de samenleving. Daarvoor is een goed geoutilleerde verzorgingsstaat noodzakelijk.

Het gaat er niet om of we een kleine en slagvaardige overheid moeten hebben, zoals de Nederlandse minister-president steeds beweert, het gaat erom dat we een overheid hebben die de minderbedeelden niet in de kou laat staan. Het ware liberalisme is onvermijdelijk een sociaal liberalisme.

De ontsporing van de Amerikaanse samenleving in de afgelopen vier decennia laat zien dat de positieve psychologie de moed moet hebben om ook een politieke boodschap te ontwikkelen. Als dat ontbreekt, blijft zij een onvoltooid bouwwerk. Dat is vooral in de Verenigde Staten een pijnlijke opdracht, omdat dat verplicht tot een beleid dat ongetwijfeld als 'links' zal worden beschouwd, als het gevreesde 'soak the rich'. Toch staan de vs voor die taak, als zij zichzelf weer op de rails willen krijgen. Ze hebben in het verleden laten zien dat dat best kan. In de late jaren dertig en in de jaren veertig en vijftig was er in de vs nog sprake van 'the great compression', dat wil zeggen een door de overheid bewerkstelligde grotere maatschappelijke gelijkheid.

In West-Europa dienen we vooral beducht te zijn voor geruisloos toenemende inkomensverschillen, die inderdaad lastig zijn terug te draaien als ze er eenmaal zijn.

9 Intermezzo

In 1961 kreeg ik een vriendin. Dat was soms een groot geluk, maar bracht ook een merkwaardige verandering in mijn typische jongensleven. Ik heb besloten in dit nogal rommelige en niet altijd chronologische overzicht van zaken die mij gelukkig hebben gestemd, of zeer tevreden, of die mijn leven kleur hebben gegeven, niet te schrijven over de liefde en alles wat daarmee te maken heeft. Dat is wellicht gemakzuchtig of escapistisch, maar wil je dat goed doen, dan heb je talenten nodig over welke ik niet beschik. Bovendien moet je daarvoor de privacy aantasten van mensen die daar niet op zitten te wachten. Er is ook niet voor niets een jaarlijkse internationale verkiezing van de slechtst beschreven seksscène. Die wil ik liever niet winnen.

Mijn eerste liefde liep op de klippen omdat de vader van mijn vriendin mij boos de deur wees vanwege mijn irritante neiging tot tegenspreken. In december 1963 ontmoette ik mijn tweede vriendin op een sinterklaaspartijtje voor studenten. Zij is nu al decennia mijn echtgenote en heeft mij uitdrukkelijk verzocht haar niet te laten figureren in dit geluksjournaal. Ik voldoe graag aan haar verzoek.

10 Zo nu en dan studeren

Tijdens mijn middelbareschooltijd had ik eigenlijk nooit gericht nagedacht over de vraag wat ik zou gaan studeren. Dát ik zou gaan studeren, daarover bestond geen twijfel. Als er indertijd zou zijn gevraagd wat ik wilde studeren, had ik waarschijnlijk vaag geantwoord: geschiedenis of zoiets. Mijn archeologische bevlieging was langzaam weggesleten. Het is daarom zonderling dat ik besloot farmacie te gaan studeren. Ik was jong en impressionabel, en weinig vastbesloten. Dominante familieleden hadden mij geadviseerd iets te gaan studeren waarmee geld te verdienen viel. Ik was goed in scheikunde en zo werd het farmacie.

Ik schreef al dat een beetje ellende bij elk leven hoort, ook bij een betrekkelijk gelukkig leven, en ellende bood de studie farmacie mij in ruime mate. Zelden heb ik mij zo ongelukkig gevoeld als tijdens de eindeloze practicummiddagen waarmee die studie gepaard ging. Ik deed alles verkeerd en was de schrik van de practicumassistenten. Na ruim vier maanden verkocht ik in het diepste geheim mijn gehele farmacie-uitrusting: witte jas, scheikundeboeken en microscoop. Tekenen wat je door de microscoop zag was het enige dat ik beter kon dan mijn medestudenten. Maar wat heeft een apotheker daaraan? Mijn familie verraste ik met de mededeling dat ik al mijn schepen achter mij had verbrand en geschiedenis was gaan studeren. Dat moest ik dan maar zelf weten.

Laat ik eerlijk zijn: die geschiedenisstudie vond ik ook niks. Werkgroepen bestonden in die tijd nog niet, dus je hoefde alleen maar naar een zeer beperkt aantal hoorcolleges. Die waren op twee uitzonderingen na stomvervelend. Na enkele nogal infantiele en verbazingwekkend makkelijke eerstejaarstentamens te hebben gedaan, werd ik toch plotseling overvallen door een groot geluksgevoel. Ik was vrij! Ik hoefde niet naar school, ik hoefde niet meer naar practicum! Ik kon doen en laten waar ik zin in had. De studie geschiedenis stelde zo weinig eisen dat ik er jaren mijn gemak van kon nemen. Er was plotseling alle tijd voor de kleine, soms tevreden, soms gelukkig stemmende obsessies van mijn eerste studiejaren. Dat waren film en een praktisch eindeloze reeks detectives, thrillers en sciencefictionromans.

In Wageningen ging ik maar zelden naar de bioscoop, maar de Utrechtse bioscopen werden mijn tweede thuis. Je kon binnen enkele dagen een grote hoeveelheid films zien: eerste avondvoorstelling, tweede avondvoorstelling en dan de nachtvoorstelling. Ik ging naar alle films, ook evident idiote films waarin gespierde mannen met kartonnen rotsblokken gooiden. Van die waarschijnlijk honderden films is mij weinig bijgebleven. Maar er zijn ook films uit die jaren die ik nog gedetailleerd kan navertellen, al was het maar omdat ik ze meerdere malen heb gezien.

Laat ik beginnen met een van mijn grote favorieten, *The Longest Day*, over de eerste 24 uur van de geallieerde landing in Normandië. Geheel terecht werd die film in zwartwit gedraaid, omdat de Tweede Wereldoorlog nu eenmaal in zwart-wit was. Als *The Longest Day* vanavond op de tv was, zat ik nu te kijken in plaats van te schrijven. Andere oorlogsfilms die me scherp zijn bijgebleven zijn *The Dirty Dozen*, met de onvergetelijke Lee Marvin, en *The Guns of Navarone*. Even verknocht als aan *The Longest Day* ben ik aan *Lawrence of Arabia*, ook zo'n epische reuzenfilm. De scène waarin Lawrence voor het eerst Wadi Rum (een woestijngebied in Jordanië) voor zich ziet liggen, kan mij nog steeds tranen in de ogen bezorgen. Vooral het eerste deel van die film is een meesterwerk.

Het is achteraf waarschijnlijk lastig te begrijpen hoe gulzig een provinciaal als ik week in week uit naar de bioscoop ging. Wat een geluk een werkelijk goede film – of althans een film die ik werkelijk goed vond – betekende. Niet alleen blockbusters, er waren ook tal van 'kunstfilms' die ik prachtig vond. Kubricks *Dr. Strangelove* is de beste film die ooit over de Koude Oorlog is gemaakt; *Jules et Jim* een artistiek verantwoorde tearjerker en *À Bout de Souffle* van Godard vond ik geweldig, en is de enige film waarin Belmondo het aanzien waard is. Een speciale prijs in die jaren is er voor Fellini en Bergman. Bergmans films stemden mij meestal droevig, laten we dat maar gelukkige droevigheid noemen. Veel films van Bergman vielen mij overigens tegen toen ik ze later nog eens zag, maar Bergmans memoires, *Laterna Magica*, kan ik warm aanbevelen.

Ten slotte wil ik *Bullitt* nog van harte aanbevelen, een voorbeeld van de perfecte B-film. Een later voorbeeld van de perfecte B-film is *Three Days of the Condor*. Ook een film waar je bijzonder tevreden van wordt! Ik ben van mening dat een goede B-film altijd beter is dan een pretentieuze A-film. Ik moet hier niet ontsporen in een beschouwing over film, maar toch nog even op de valreep: ik zag *The Third Man* en *Casablanca* natuurlijk pas in de jaren zestig (nachtvoorstelling); of dat perfecte B-films zijn weet ik eigenlijk niet, maar het zijn wel geweldige films.

Mijn filmobsessie nam in de loop van de jaren zestig langzaam af. Zij keerde nog eenmaal terug toen ik in 1974 een paar maanden in New York woonde ten behoeve van promotieonderzoek. De filmladder in New York was een waar wonder. Soms dacht ik dat een groot deel van alle films die ooit gemaakt waren, tegelijkertijd in New York draaiden. Wat je maar wilde zien draaide altijd wel ergens. Daar kon ik mijn liefde voor de klassieke tekenfilms van Disney volop uitleven. Er was altijd wel ergens een middagvoorstelling voor kinderen waar een van de klassiekers draaide. Zo zag ik te midden van de kinderen *Sneeuwwitje, Pinokkio, Fantasia, Bambi* en *Peter Pan*. Vooral *Pinokkio* is een meesterlijk product. Mis die film niet, als u hem ergens kunt zien.

Ruim twintig jaar later kwamen de Pixarfilms. Vrijwel alle Pixarfilms die ik heb gezien stemden mij intens tevreden, zeg maar gerust gelukkig. De laatste die ik heb gezien was *Coco*, waarbij ik met genoegen betraand de bioscoop verliet.

Hoe gek het ook klinkt, ik zie in mijn filmverleden een gelukkige toekomst. Als ik zo oud ben geworden dat ik mij niet meer kan concentreren op een boek, koop ik een enorme tv met zo'n prachtig gebogen scherm en verdwijn ik in al die klassieke films terwijl dr. Alzheimer naderbij sluipt. Tussen die films door leest de nachtzuster me dan *De wind in de wilgen* voor.

Ik kan mij niet meer herinneren wanneer ik begonnen ben met mijn andere obsessie: het lichtelijk maniakaal lezen van detectives, thrillers en verwante genrelectuur. Ik las die boeken graag in één ruk uit tijdens de nachtelijke uren, liefst meerdere per week. Ik maak mijzelf wijs dat mijn soort lezen eigenlijk een soort flow was, het grote ideaal van de geluksindustrie. Een dergelijk gestoord leesgedrag vraagt enorme hoeveelheden boeken, want zelfs het oeuvre van Agatha Christie jaag je er dan in een paar maanden doorheen. Ik was steeds dolgelukkig als ik meestal per toeval aan liep tegen een auteur van wie ik nog nooit had gehoord, maar die tientallen boeken had geschreven. Bijvoorbeeld Ross McDonald (1915-1983), die tegen de dertig detectiveromans bleek te hebben geschreven.

Ik maak een kort lijstje van de beste van al die genreromans, waarmee de lezers van deze geluksobservaties hun voordeel kunnen doen. Die boeken zullen u niet teleurstellen. De beste is wellicht *The Rose of Tibet* van Lionel Davidson, dat tegen de literatuur aan hangt, al was het maar omdat het slecht afloopt. Verder *Ipcress File* van Len Deighton, *The Mask of Dimitrios* van Eric Ambler, een of twee detectives van Dorothy Sayers en de Sherlock Holmesverhalen van Conan Doyle. U sluit af met het victoriaanse *The Moonstone* van Wilkie Collins, volgens velen de eerste echte detectiveroman. Is er dan niets Nederlands in dit genre echt de moeite waard? Jawel, ik denk er nu pas aan terwijl ik in mijn geheugen rondstommel: *Parels voor Nadra* van Joop van de Broek. Ik aarzel over Havank.

De betere sciencefiction verdient een eigen alinea. De roman die mij het meest is bijgebleven is *The Black Cloud* van Fred Hoyle. Dat gaat over een mega-intelligentie in de vorm van een reusachtige moleculaire wolk, waarbij en passant duidelijk wordt gemaakt hoe beperkt de mogelijkheden van het menselijk brein zijn vanwege de beperkte afmetingen van onze schedel. Ik weet eigenlijk niet of *The Black Cloud* is vergeten, maar als dat zo is, dan is dat niet terecht. Of je er gelukkig van wordt, durf ik niet te zeggen, maar het is ingenieus en overtuigend. Hoyle was een beroemde astronoom die niet geloofde in de *big bang*. Vreemd genoeg is hij wel de bedenker van die term, die hij pejoratief bedoelde.

Ook warm aanbevolen ten behoeve van gelukkige leesnachten: *Space Merchants* en *Wolfbane* van het schrijvende duo Frederic Pohl en Cyril Kornbluth en natuurlijk het klassieke *The Day of the Triffids* van John Wyndham. Wellicht de beroemdste sciencefictionroman van de afgelopen decennia is *The Foundation*, een ongekend omvangrijk, meerdelig werk van Isaac Asimov. In die boeken wordt een soort statistisch gefundeerde futurologie gepresenteerd. *The Foundation* is het pendant, bedacht ik ineens, van *Star Wars*. *Star Wars* is voor kinderen, *The Foundation* voor volwassenen. Zonderling maar waar: Martin Seligman, de grondlegger van de positieve psychologie, was zo onder de indruk van Asimov dat hij *Learned Optimism* schreef, het boek waarin hij argumenteerde dat de wetenschap de weg naar geluk kan wijzen. Nog zonderlinger: de econoom en Nobelprijswinnaar Paul Krugman zegt economie te zijn gaan studeren omdat die wetenschap nog het meest weg had van de wetenschappelijk gefundeerde toekomstvoorspellingen in *The Foundation*.

De lezer zal zich ondertussen afvragen wat dit eigenlijk allemaal te maken heeft met de studie naar geluk. Begrijpelijk, maar daar moet ik op antwoorden: alles. Lezen heeft mij al die jaren nadat ik die vaardigheid onder de knie heb gekregen, gelukkig gestemd. En ook zulke zonderlinge informatie als hierboven over Seligman en Krugman bevalt mij uitermate goed.

11 'Amerikanist' geworden

Met de studie geschiedenis schoot ik ondertussen niet erg op. Ik kreeg ik er eigenlijk pas aardigheid in toen ik begon aan de diverse grote literatuurtentamens die je moest doen voor het kandidaatsexamen. Ik had nogal opgezien tegen de vakken waar mijn primaire belangstelling niet naar uitging, zoals 'Oudheid' en 'Middeleeuwen'. Dat viel echter enorm mee. Er is eigenlijk geen enkel vak dat niet vanzelf interessant wordt als je er een paar aardige boeken over leest. Dat is voor de geluksbeleving een belangrijke ontdekking. Ziet u op tegen een onderdeel van een ondernomen studie, begin dan met flink te lezen, en u zult zien dat het u al heel snel fascineert. Alles is interessant, juist ook dingen die niet erg interessant lijken, zoals bijvoorbeeld pissebedden. Wist u dat er in Nederland meer dan dertig soorten pissebedden zijn?

Veel van de boeken die ik voor mijn kandidaatstentamens moest lezen waren inderdaad vervelend op de speciale manier waarop academische literatuur vervelend kan zijn. Het is verbluffend dat zelfs een prachtig vak als geschiedenis door academische deskundigen moeiteloos om zeep geholpen kan worden.

Er zijn gelukkig ook tal van voorbeelden van schitterende boeken, die u na lezing een leven lang bij zullen blijven. Ik noem er een paar die ik voor mijn kandidaatsexamen las en die mij volledig verzoenden met de geschiedenisstudie:

A.H.M. Jones, *Athenian Democracy*; R. Vaughan, *Philip the Bold. The Formation of the Burgundian State*; Garrett Mattingly, *The Defeat of the Spanish Armada*; R.R. Palmer, *Twelve Who Ruled* (over het Comité de salut publique tijdens de Franse Revolutie); Crane Brinton, *The Anatomy of Revolution*; A.J.P. Taylor, *The origins of the Second World War* en Alan Clark, *Barbarossa. The Russian German Conflict, 1941-1945*. U ziet, een breed panorama van onderwerpen. Misschien zijn sommige van die boeken wat verouderd, maar ze lezen als een scheet. Zo was ik meestentijds welgemoed en gefascineerd door mijn zelfgekozen studie op weg naar mijn kandidaatsexamen. Ik was geheel en al geëngageerd geraakt en verheugde mij op de rest van de studie.

Dit zijn zoals gezegd uiterst vluchtige memoires, toegesneden op geluksmomenten, vandaar dat ik nu direct doorschakel naar mijn doctoraalscriptie. Daar heb ik twee jaar aan gewerkt. Zonder nu te beweren dat ik die twee jaar continu in een flow heb verkeerd, was die scriptie wel het allerfijnste, meest uitdagende en meest leerzame project dat ik tot dan toe in mijn leven had ondernomen.

De scriptie ging over het begin van de Koude Oorlog. Aanvankelijk was ik helemaal niet van plan over de Koude Oorlog te schrijven. Ik dacht aan een onderzoek naar de introductie van de inkomstenbelasting in Nederland. Zoiets bleek er echter al te zijn. Vervolgens leek het me interessant uit te zoeken welke maatregelen van de Duitse bezetter na afloop van de oorlog stilzwijgend werden gecontinueerd, simpelweg omdat ze nuttig waren. Daarvoor kon ik geen begeleider vinden, dat lag kennelijk te gevoelig. In 1967 hielp de nieuwe hoogleraar H.W. von der Dunk mij uit de brand met een leuk werkcollege over het begin van de Koude Oorlog. Een extra reden om dat werkcollege te volgen was lezing van David Horowitz' *From Yalta to Vietnam*. Achteraf is dat een waardeloos boek gebleken – eerder een links schotschrift dan een deugdelijke analyse –, maar toen zette het mij op het spoor.

Over de oorzaken van de Koude Oorlog werd in die jaren een verhitte discussie gevoerd, die opgelaaid was door de Amerikaanse interventie in Vietnam. Tot die tijd was het vanzelfsprekend om de Russen de schuld te geven van de Koude Oorlog. Nu werd er ook gewezen op het Amerikaanse 'imperialisme'. Hoewel ik niet geloofde in de in linkse kring populaire opvatting dat de eisen van het Amerikaanse monopoliekapitaal een belangrijke oorzaak van de Koude Oorlog waren geweest, was er volgens mij wel degelijk reden om ook de Amerikanen een deel van de schuld van dat conflict toe te rekenen. Ze hadden te weinig oog gehad voor Stalins gerechtvaardigde veiligheidseisen en te veel geopereerd vanuit een zonderlinge paranoia, waar ze ook de hele rest van de Koude Oorlog last van hebben gehad.

Mijn scriptie werd ondertussen dikker en dikker; ik had de smaak van de geschiedschrijving te pakken gekregen. Eindelijk was ik historicus geworden. Na afronding had ik voor het eerst een echt project voltooid. Ik had voor het eerst ook echt analytisch nagedacht over de historische loop der dingen, en was soms plots verrast door mijn eigen nieuwe inzichten. Kan een mens gelukkig zijn met zijn doctoraalscriptie? Ik weet het niet zeker, maar ik was het geloof ik wel. Het enorme boekwerk was bepaald niet perfect, maar ik was er tevreden mee en Von der Dunk gelukkig ook.

Waarschijnlijk in 1964 kocht ik een boek over de Amerikaanse presidentsverkiezingen van 1960, *The Making of the*

President 1960, van de hand van Theodore White, die met dat boek een heel nieuw genre creëerde. Hoewel ik tegenwoordig scherp zie wat de gebreken van White's opwindende Kennedy-hagiografie zijn, vond ik het toen een geweldig boek. Dat was nog eens spannende politiek op hoog niveau! Zo raakte ik steeds obsessiever geïnteresseerd in de zonderlinge rituelen van het Amerikaanse politieke systeem. De verkiezingen van 1964 stelden niet veel voor, hoewel zij achteraf betekenisvol naar de toekomst van de Amerikaanse politiek verwezen. De verkiezingen van 1968 waren echter niets meer of minder dan een langgerekte politieke explosie, met de moord op Bobby Kennedy en Martin Luther King, de abdicatie van de politieke tovenaar Lyndon Johnson, vernietigd door de Vietnamese interventie, en de spectaculaire politieke komeet Gene McCarthy.

Ik volgde het hele proces tot in het kleinste detail en begon weer met mijn oude liefde, het knip-en-plakwerk. Het omvangrijke plakboek van dat vreemde jaar, waarin ik honderden uren moet hebben gestoken, heb ik nog steeds. Wie wil lezen hoe het was leze *An American Melodrama*, geschreven door Lewis Chester, Godfrey Hodgson en Bruce Page. Dat is beter, want scherper en kritischer dan Theodore White's *The Making of the President 1968*. Uiteindelijk eindigde het allemaal in de gruwelijke anticlimax van Nixons overwinning.

De beste boeken over de Amerikaanse presidentsverkiezingen horen tot de aardigste politieke literatuur die er is. Daarom een paar aanbevelingen. Voor 1968 *The Selling of the President* van Joe McGinniss, voor 1972 *The Boys on the Bus* van Timothy Crouse. Ten slotte, ook voor 1972, *Fear and Loathing on the Campaign Trail* van Hunter S. Thompson, een even geweldig als hilarisch boek. Daar wordt u vanzelf opgewekt van, vooral omdat u weet dat Nixon in augustus 1974 zou aftreden.

Zo werd ik in de loop van een jaar of vier door een eigen onderzoek en een nieuwe, lichte obsessie een 'Amerikanist'. Dat was ik helemaal niet van plan geweest. Mijn leven valt te beschouwen als een reeks van toevalligheden, het uwe ongetwijfeld ook.

12 Leven

In 1971 werd ik wetenschappelijk medewerker bij het Instituut voor Geschiedenis van de Universiteit Utrecht. Een ronduit ideale baan. Toen ik mijn chef vroeg wat ik moest doen, zei hij dat eigenlijk ook niet te weten. Ik moest me maar inlezen. Dat heb ik gedaan. Het was een bedrieglijk ontspannen start, want van een wetenschappelijk medewerker werd verwacht dat hij binnen afzienbare tijd een proefschrift zou schrijven. Dat is mij niet gelukt: ik heb er twaalf jaar over gedaan. Dat had verschillende oorzaken. De eerste twee onderwerpen vond ik na enige tijd zo ontzettend saai dat ik er voortijdig mee ben gestopt. Mijn promotor vond dat helemaal niet erg, ik moest vooral iets doen wat ik leuk vond. Mijn derde onderwerp heb ik niet zelf verzonnen. Toen ik in de bibliotheek van de Columbia University onderzoek deed voor mijn tweede onderwerp zei een van de baliemedewerksters op een mooie ochtend: 'U zou eens naar de *Partisan Review* moeten kijken.' Van dat tijdschrift, ooit begonnen als uitgave van de Amerikaanse Communistische Partij en later uitgegroeid tot een zeer invloedrijk intellectueel tijdschrift, had ik nog nooit gehoord. Het was echter een schot in de roos. Ik ben die anonieme baliemedewerkster nog steeds dankbaar. Ik heb later geprobeerd met haar in contact te komen om haar te bedanken, maar zij was onvindbaar.

Nu had ik eindelijk een aantrekkelijk onderwerp, namelijk de intellectuele geschiedenis van de *Partisan Review*, maar desondanks heeft dat boek me nog acht jaar gekost. Dat kwam omdat ik veel te ambitieus was. Ik had mijn doelen te hoog gesteld, het moest een meesterwerk worden. Als u dit boekje leest om erachter te komen wat geluk is en hoe u gelukkig kunt worden, is dit een hoogst relevante les. Vraag niet te veel van uzelf, overschat uw eigen mogelijkheden niet. Toen ik na jaren enigszins moedeloos besloot gewoon maar te gaan schrijven, zonder te wachten op de unieke vonk die tot een meesterwerk zou leiden, ging het plotseling vanzelf, alsof er een prop uit een buis was geblazen. Ik heb er met tussenpozen slechts anderhalf jaar aan geschreven.

Schrijven is altijd lastig – heel wat liever spreek ik – maar het is toch vooral een ambachtelijk proces. Als je eerst in het park gaat wandelen ten behoeve van inspiratie, wordt het niks. Je moet gaan zitten en je moet schrijven. Net zoals een loodgieter aan een verstopte gootsteen begint. Die wacht ook niet op inspiratie.

Ergens in de vroege zomer van 1982 schreef ik de laatste alinea van mijn proefschrift. Vederlicht van geluk wandelde ik de gang op en vertelde aan iedereen die ik tegenkwam: 'Het is af!' Ik promoveerde in mei 1983 en vond het een nogal komische maar zeer bevredigende plechtigheid. In de gekalligrafeerde promotiebul was mijn naam verkeerd gespeld.

Twee maanden later vroeg de uitgever van mijn proefschrift of ik niet een beknopt handboek over de geschiedenis van de vs in de twintigste eeuw wilde schrijven. Dat was het jaar daarna het eindexamenonderwerp voor geschiedenis op de middelbare school, wat ik helemaal niet wist. Het moest binnen een jaar klaar zijn. Omdat ik voorlopig niets te doen had en wilde bewijzen dat ik ook wel een boek a tempo kon schrijven, heb ik dat gedaan. Het viel me niet mee, maar het manuscript was in augustus 1984 klaar en het boek verscheen begin oktober, meen ik me te herinneren.

Veel meer dan mijn proefschrift heeft dát boek mijn leven veranderd, terwijl het slechts bedoeld was als arbeidstherapie. Het werd tot mijn grote genoegen spoedig positief in de krant besproken en het leidde, en dat was nog veel onverwachter, tot een optreden voor de televisie, eind oktober 1984. In een middagprogramma van de NCRV mocht ik commentaar leveren op het debat tussen Geraldine Ferraro en George Bush sr., de kandidaten voor het vicepresidentschap in de vs dat jaar. Dat mediadebuut leidde tot een nimmer gezochte maar amusante nevenactiviteit, die mijn rustige bestaan aan de universiteit kleur verschafte.

Zo moeizaam als het schrijven van dat proefschrift verliep, zo fijn vond ik het om college te geven. Eerst waren dat alleen werkgroepen, maar toen mijn chef op een dag in de afdelingsvergadering meldde dat hij ophield met de hoorcolleges omdat hij had ontdekt dat de studenten domme schapen waren, bleek ik na een korte stilte de enige die wel bereid was zijn colleges over te nemen – zo herinner ik mij dat althans. Na aanvankelijke lichte zenuwen vond ik die hoorcolleges verreweg het leukste werk aan de universiteit. Ik was (ben) een verlegen mens, maar optreden vond en vind ik prettig. Dat ik dat zo leuk zou vinden, wist ik helemaal niet. Als ik apotheker was geworden, was ik daar nooit achter gekomen.

Terwijl ik in de jaren zeventig moeizaam vorderde met mijn proefschrift werd ik vader van twee kinderen. Het wetenschappelijke geluksonderzoek zit nogal in zijn maag met het ouderschap. Uit alle onderzoek ter zake blijkt namelijk dat mensen aanvankelijk helemaal niet erg gelukkig worden van kinderen. Het valt ze ronduit tegen; het ouderschap is zwaar werk, ook in emotioneel opzicht. Maar dat vond ik helemaal niet, zelfs niet als onze zoon lastig was bij het eten en slechts zeer moeizaam in slaap raakte. Ik vond kinderen een geheel onverwacht genoegen. Dat kwam omdat ik er niets van verwacht had. Meestentijds vond ik kinderen lawaaiig en irritant, ze stoorden je maar tijdens het lezen. Maar dat bleek vooral te gelden voor de kinderen van anderen. Mijn eigen kinderen vond ik, nadat ze het larvale stadium waren ontgroeid, een groot succes. Natuurlijk ergerden ook mijn eigen kinderen mij wel eens, maar dat was eigenlijk alleen toen zij enige tijd in de vroege puberteit frequent ruzie met elkaar maakten. Afgezien daarvan hebben zij mij in alle stadia van het opgroeien veel plezier bezorgd.

Sedert ik zelf kinderen heb, kan ik direct vertederd raken door peuters en kleuters, terwijl ik daar voor die tijd nooit last van had. Ik vond het heerlijk om ze voor te lezen en heb ze geteisterd met boeken die ik zelf geweldig vond (zie boven), maar die zij soms nogal saai vonden. Zij waren liefhebbers van allerlei boeken die in mijn jeugd niet bestonden, zoals in het bijzonder het werk van Roald Dahl.

Ik heb met mijn beide kinderen veel gewandeld. Mijn zoon zal een jaar of tien zijn geweest toen wij een lange wandeltocht maakten langs de rand van de krijtrotsen in Bretagne. In de brede stranden bij eb waren daar talloze wrakken te zien, en daar konden romantische verhalen bij verzonnen worden. In sommige opzichten ben ik net zo'n fantast als mijn vader, die mij tijdens wandelingen van alles op de mouw heeft gespeld, waarin ik jaren heb geloofd. Een beetje fantasie is ouders wel toegestaan, vind ik. Met mijn dochter kon ik in later jaren over politiek of astronomie praten. Ik vraag me wel af of zij de al genoemde Andromedanevel nog op eigen kracht kan vinden.

Kinderen zorgen er ook voor dat je Sinterklaas, Kerstmis en de diverse verjaardagen veel vrolijker kunt vieren. Ik heb nooit begrepen waarom zo veel intellectuelen laatdunkend doen over familiefeesten. Ik heb Sinterklaas mijn leven lang leuk gevonden, maar extra leuk met kinderen. Sinterklaas kan gewoon geluk zijn! Maar de meest gelukzalige herinneringen aan mijn kinderen toen ze klein waren hebben vreemd genoeg een enigszins sportief karakter. Dat betreft de lange, zonnige zomeravonden waarop wij badminton speelden op straat.

Zit het een beetje mee, dan produceren je kinderen kleinkinderen. Wij hebben nu vier kleinkinderen. Die hebben mij zo mogelijk nog meer vertederd dan mijn kinderen. Toen mijn oudste kleinzoon een jaar of drie was, kon hij me rondleiden in een betoverde wereld. Zo wist ik bijvoorbeeld helemaal niet dat er kabouters woonden in het Singelpark in Haarlem. Mijn kleindochter kan vertederend ernstig zijn en mijn tweede kleinzoon kan je de meest onverwachte vragen stellen. Hij vroeg mijn vrouw of hij in ons huis kon trekken zodra wij dood waren. Mijn jongste kleinzoon, de zoon van mijn dochter, is nu zeventien maanden en is zonder meer het charmantste kind dat ik ooit heb gezien. Vooringenomenheid is mij in dit geval toegestaan.

13 Meesterwerken

In de late jaren zeventig kwam er een eind aan mijn mateloze consumptie van genrefictie. Dat kwam vooral doordat ik in het werk aan mijn dissertatie kennismaakte met de invloedrijke literaire critici in het milieu van de joodse intellectuelen over wie ik schreef. Edmund Wilson, Lionel Trilling en Irving Howe wisten zodanig over de meesterwerken uit de wereldliteratuur te schrijven dat ik vond dat ik die meesterwerken ook zelf moest lezen, als ik tenminste iets wilde begrijpen van de negentiende en twintigste eeuw. Trilling is wellicht een beetje academisch, maar Wilsons *Axel's Castle: A Study in the Imaginative Literature of 1870-1930* is leuk om te lezen. Ik zag tot mijn genoegen dat het nog steeds in druk is. Tegelijkertijd las ik George Orwell, Arthur Koestler en de grote vitale romans van Saul Bellow, zoals *Augie March* en *Humboldt's Gift*. Vooral die laatste roman geeft een geweldig beeld van de wereld van de joodse, New Yorkse intellectuelen over wie ik schreef.

Zo betrad ik een politiek-literaire wereld die grotendeels nieuw voor mij was. Dat proefschrift mocht dan wel niet erg opschieten, het was wel een eersteklas intellectuele educatie. Twintig jaar later werd mij door het Instituut voor Geschiedenis gevraagd of ik een leesgezelschap voor studenten wilde organiseren. Dat leek mij wel wat, mits wij fictie zouden lezen en geen historische non-fictie. Mijn indruk was al jaren dat studenten veel te weinig fictie lazen, terwijl fictie juist zo verbazend informatief kan zijn over de geschiedenis. Het leek mij ook voor mijzelf nuttig. Zo'n gezelschap zou mij een bruikbaar zetje geven om nu eindelijk eens die zeven delen Proust te lezen, die al jaren in mijn boekenkast stonden. Inderdaad bleek het gezelschap bijzonder nuttig.

We begonnen met twee boeken: Conrads *Heart of Darkness* en Naipauls *Bend in the River*. Beide boeken gaan over de Congo en wie ze gelezen heeft weet dat het met de Congo ook in de afzienbare toekomst niet goed zal komen. De Congo is en blijft een duister hart. Na die twee naar omvang bescheiden boeken zijn wij steeds dikkere boeken gaan lezen, althans dat is mijn indruk. De dikste boeken bleken merkwaardigerwijze vaak ook de beste boeken. De auteurs die wij lezen moeten gegarandeerd dood zijn en hun werk moet in de grote literaire traditie een zekere renommee hebben verworven. Dat maakt misschien een nogal deftige en pretentieuze indruk, maar dat is ons gezelschap helemaal niet. Wij lezen zuiver voor ons plezier, en wat blijkt: de Grote Literatuur is vrijwel altijd buitengewoon leesbaar. Ik ben bereid de stelling te verdedigen dat alle grote schrijvers ook geestige schrijvers zijn. Wat volgt is een volkomen willekeurige greep uit de door ons gelezen meesterwerken, maar ik garandeer u dat het zonder uitzondering *unputdownable pageturners* zijn, zoals dat op de Engelse flapteksten heet. Dit is per slot een boekje over geluk, en van die boeken wordt u op z'n minst zeer tevreden.

Laat ik voorzichtig beginnen met Alexandre Dumas' *De Graaf van Monte-Cristo* (1844), een magnifieke Franse wraakthriller, waar Stieg Larsson nog een puntje aan kan zuigen. Dan leest u meteen door in het vuistdikke *Les Misérables* (1862) van Victor Hugo. Vergeet de musical en de film van de musical, het boek is groots. Zorg dat u de complete, originele editie in handen krijgt, die begint met een lang en meesterlijk stuk over de Slag bij Waterloo. U bent nu zo verslaafd aan enorm dikke boeken dat u zich wel aan Prousts *Op zoek naar de verloren tijd* (1913-1927) kunt wagen. Dat zijn in de Nederlandse vertaling zeven delen. In het eerste deel worden op weergaloze wijze twee verliefdheden beschreven. Het zou mij werkelijk enorm verbazen als u dan niet doorleest om te eindigen met het zevende deel, dat in het verduisterde Parijs van de Eerste Wereldoorlog speelt. Het Frans is lastig, de Nederlandse vertaling van Cornips soms ook, de Engelse vertaling loopt als een trein.

Nog een zeer omvangrijke, nu tweedelige roman: *Les Thibaults* van de Franse Nobelprijswinnaar Roger Martin du Gard, over twee zeer verschillende broers die op complexe wijze de Eerste Wereldoorlog niet overleven. Met een gedetailleerde beschrijving van de moord op Jean Jaurès. Tot slot van de afdeling Frankrijk – nogmaals, het is een willekeurige greep – Georges Perecs *Het leven, een gebruiksaanwijzing*, een uiterst ingewikkeld experimenteel boek over de bewoners van een groot appartementengebouw in Parijs. Eveneens indrukwekkend van omvang en ook over de Eerste Wereldoorlog, althans het begin, is *Der Mann ohne Eigenschaften* van Robert Musil. Daar moet u even in komen, maar het is een verrassend geestig boek, dat garandeer ik.

Waarom eigenlijk allemaal dikke boeken? Omdat als een boek werkelijk goed is, het een ware zegen is als het dik is. Ik aarzel over *Berlin, Alexanderplatz* van Alfred Döblin. In het Duits is dat bijzonder lastig te lezen vanwege het gebruikte Berlijnse dialect. Hoewel het boek altijd wordt gerekend tot de grote romans van de twintigste eeuw, viel het ons leesgezelschap tegen. Maar het is uitgesloten dat *Die Blechtrommel* (1959) van Günter Grass u zal tegenvallen. Chronologisch ben ik nu een beetje de draad kwijt en dreigt Thomas Mann overgeslagen te worden. Mann werd ernstiger naarmate hij ouder werd. *Buddenbrooks* (1901), over een deftige handelsfamilie die langzaam aftakelt, is een briljant jeugdwerk, dat vaak onverwacht geestig is – de tantes.

Als bekende schrijvers wordt gevraagd welk boek zij zouden moeten lezen, maar nog niet gelezen hebben, noemen zij met opvallende frequentie *Moby-Dick* (1851) van Herman Melville. Dat is een klassieker die staat als een huis, maar kennelijk zien mensen ertegen op. Dat is echter niet nodig, het begint geestig en het eindigt geestig, het gaat over een obsessie en u leert onderweg heel wat over walvissen. Sommige walvissen blijven drijven als ze dood zijn, andere zinken.

John Updike's geschiedenis van Harry Angstrom, bijgenaamd Rabbit, bestaat uit vier delen, die een prachtig tijdsbeeld geven van de VS van de jaren vijftig tot in de jaren tachtig. Ook Richard Ford heeft een tijdsbeeld van de VS gegeven in meerdere delen. U begint met *The Sportswriter* (1986) en als dat bevalt kunt u eenvoudig doorlezen. De Engelse victoriaanse literatuur biedt klassieke meesterwerken bij de vleet. Bovendien kunt u er af en toe een roman van P.G. Wodehouse tussendoor lezen. Lees in elk geval iets van Dickens, bij voorkeur het duistere maar ook geestige *Great Expectations*. *Jane Eyre* en *Wuthering Heights* van de gezusters Brontë zijn geweldig. Proustiaans van afmetingen is het twaalfdelige *A Dance to the Music of Time* (1951-1975) van Anthony Powell. Betrekkelijk onbekend, maar lekker dik is de *Balkan Trilogy* van Olivia Manning. Ook erg geestig en na lezing hoeft u niet meer naar Boekarest.

Zeer onlangs las ik de nieuwe Nederlandse vertaling van *Anna Karenina* van Tolstoj. Die is geweldig. De scène waarin Kostja gras maait met de zeis is onvergetelijk. Vergeet verder niet Svevo's *Bekentenissen van Zeno*, Conrads *Nostromo*, *Dood op krediet* van Céline en *Madame Bovary* van Flaubert. En natuurlijk die zeven delen van *Het Bureau* van Voskuil!

De naar geluk snakkende lezer zal wel vinden dat ik met deze opsomming ontspoord ben, ging het immers niet over geluk? Zeker, maar lezing van al deze boeken zal u gelukkig stemmen, dat kondigde ik al aan. Er zit geen rommel bij. U moet wel van lezen houden en een beetje stil kunnen zitten. En als u al niet gelukkig wordt van het lezen, zult u gelukkig worden doordat u na lezing van deze klassiekers diepe indruk op uw kennissen kunt maken. Die hebben allemaal wel gehoord van Prousts madeleine en de windmolens van Don Quichot, maar die boeken hebben ze niet gelezen. Cervantes moet u dus ook lezen. Trouwens: organiseer een leesgezelschap, daar krijgt u geen spijt van. U steekt er wat van op en u bent ook prettig sociaal bezig. De geluksindustrie had het zelf kunnen bedenken.

Wat gelovigen hebben met kerken, heb ik met musea, vooral met schilderijenmusea. Dat is geheel in overeenstemming met de regels van de burgerlijke cultuur, zoals die zijn ontstaan in de tweede helft van de negentiende eeuw. Musea zijn profane instituties, maar musea kunnen ook iets sacraals hebben. Zij zijn immers gewijd aan de eredienst van de culturele traditie.

Omdat het de musea en in het bijzonder de grote en beroemde musea voor de wind gaat, dreigen zij, zoals ook veel van de grote Europese steden waar zij zich bevinden, overspoeld te worden door het moderne massatoerisme. Mijn nogal elitaire indruk is dat de massatoerist helemaal niet naar die musea komt vanwege zijn liefde voor de schilderkunst, maar vooral om de wereldberoemde, iconische schilderijen af te vinken. Je moet de *Mona Lisa* zien, en de *Nachtwacht* en de *Zonnebloemen* van Van Gogh. Voor die schilderijen bevindt zich onveranderlijk een enorme klont bezoekers, die de genoegzaam bekende schilderijen fotograferen met iPhone of iPad. Ter bevordering van mijn eigen museumgeluk stel ik voor al die wereldberoemde schilderijen bij de ingang van de musea in een speciale zaal te hangen. Heeft de massatoerist de verplichte 'topstukken' afgevinkt, dan kan hij meteen door naar de volgende attractie en hoeft hij de serieuze bezoeker van het museum verder niet voor de voeten te lopen.

Omdat het jammer genoeg nog niet zover is, geef ik een lijstje van kleine en daardoor niet al te beroemde musea en van grote musea die nog vrij rustig zijn. Niets stemt tevredener dan een museum waar je stil kunt ronddwalen in de rust die aan een kerk doet denken. Het is zeer te betreuren dat de wensen van museumdirecties zo diametraal tegenover de wensen van de klassieke museumbezoeker staan. Probeer in elk geval blockbustertentoonstellingen waaraan op televisie aandacht is besteed te mijden.

Eerst een paar (betrekkelijk) kleine musea. In Nederland denk ik aan het Mauritshuis en Teylers Museum. Het Mauritshuis heeft voor zo'n klein museum een fenomenale collectie. Let in elk geval op de kikker op *De stier* van Paulus Potter en op Vermeers *Gezicht op Delft*, dat heel passend wordt geflankeerd door twee schilderijen van de onvolprezen Saenredam. *Het puttertje* van Carel Fabritius (1622-1654), dat vroeger op een schotje in het trappenhuis hing, heeft vanwege het boek van Donna Tartt (*The Goldfinch*, 2013) nu een ereplaats en een deftig hekje gekregen. Mijn meest geliefde dier in het Mauritshuis is echter de magistrale mier op een perzik, op een minischilderij van Jan van Huysum (1682-1742).

Teylers Museum in Haarlem heeft wel wat van een ouderwets rariteitenkabinet, wat mijn onverdeelde sympathie wekt. Moge God verhoeden dat het ooit 'modern' heringericht gaat worden. In Teylers zijn twee schilderijenzalen, waarvan vooral de tweede de museale perfectie bereikt, al was het maar vanwege de prachtige bank in het midden van de zaal. Let in die zaal op twee meesterwerken: *Aan de Lek bij Elshout* van Johannes Weissenbruch (1822-1880) en *De tuin* van Jacobus van Looy (1855-1930), waar een vrouw met zomerhoed aan het werk is in een zee van Oost-Indische kers. Onze provinciale musea zijn over het algemeen zeer de moeite waard en hebben het grote voordeel dat het er meestentijds heel rustig is. Het Rijksmuseum is helaas een 'topattractie' van het mondiale massatoerisme geworden. Het schijnt dat er al mensen om het leven zijn gekomen in de klontvorming voor de *Nachtwacht*.

Betrekkelijk kleine, maar interessante musea in de VS zijn de Frick Collection in New York en de Phillips Collection in Washington. Mis in de Frick Collection niet de verleidelijke *Louise de Broglie* van Ingres. Dan nog een paar grote Amerikaanse musea waar het vrij rustig was, althans toen ik er was. Allereerst het Museum of Fine Arts in Boston. Ga daar vooral kijken naar de Amerikaanse schilderkunst van de negentiende eeuw. U mag daar niet vertrekken voor u een tijdje heeft staan kijken naar de *Dochters van Edward Darley Boit* (1882) van John Singer Sargent. Wat een verbazingwekkend schilderij!

Misschien wel het meest onverwachte museum in de vs is het Detroit Institute of Arts, midden in die vreemde ruïnestad. Daar kunt u de enorme wandschilderingen die Diego Rivera maakte van het productieproces in de Fordfabrieken simpelweg niet missen. Ze zijn bovendien zo beroemd dat u dan ook iets kunt afvinken. Let in datzelfde museum op een prachtig schilderijtje van Adolph Menzel van een moestuintje. Kijk in elk Amerikaans museum uit naar het bijzondere werk van George Bellows. Omdat ook hier weer ontsporing dreigt, eindig ik maar met het Kunsthistorisches Museum in Wenen. Daar zijn wel bezoekers, maar het is er niet zo krankjorum vol als in de National Gallery in Londen – wat een ellende – of het Orsay in Parijs. Ga nooit ergens in de rij staan, dan is alle plezier bij voorbaat bedorven. Mocht u in Wenen weinig tijd hebben, dan moet u direct naar de zaal waar de Brueghels hangen. Op gevaar af dat ik mij belachelijk maak met al die meesterwerken waar ik het over heb – echte kunstkenners hebben het nooit over meesterwerken, die kennen alleen maar 'interessante' schilderijen – het zij zo, in die zaal hangen alleen maar meesterwerken. Of het nu *Jagers in de sneeuw* is, de *Toren van Babel* of *De boerenbruiloft*, het zijn zonder uitzondering de meest verbluffende schilderijen. Wat een ellende dat Brueghel zo jong is gestorven. Mocht u in Wenen alle tijd van de wereld hebben, trek dan minstens twee dagen uit voor het Kunsthistorisches Museum. De meest hemelse rust trof ik onlangs aan in de Neue Pinakothek in München. Nadat ik daar een middag had rondgedwaald, trof ik de man van de garderobe in diepe slaap. Hij was boos dat ik hem wakker maakte. Dat is nog eens een museum! Trouwens, let daar op het prachtige romantische werk van Carl Rottman (1797-1850). Dat is een soort B.C. Koekkoek op een lsd-trip.

14 Slot

Als u dit boekje heeft gelezen, bent u hoogstwaarschijnlijk een Nederlander. Een Nederlander bovendien die betrekkelijk hoog is opgeleid. Dat betekent dat u al aan een groot aantal voorwaarden voldoet om een gelukkig of in elk geval tevreden leven te leiden. 82 procent van de Nederlandse bevolking is immers gelukkig of zelfs zielsgelukkig. De kans dat u tot het precariaat behoort is klein. In dat geval zou u immers niet bijna dertien euro uitgeven voor zo'n dun boekje. U zou trouwens naar alle waarschijnlijkheid helemaal geen lezer zijn. Natuurlijk is het mogelijk dat u recent bent getroffen door rampspoed. Dat is onaangenaam, maar vergeet niet dat u beter in Nederland door rampspoed kunt worden getroffen dan in Sierra Leone bijvoorbeeld. In Nederland zijn de gezondheidszorg en de sociale voorzieningen relatief van een zeer hoog niveau. Verhuizen naar een ander land alleen ten behoeve van betere levensvoorwaarden is niet noodzakelijk.

We hebben gezien dat Nederland structureel tot de tien aantrekkelijkste landen ter wereld behoort. Die landen hebben een aantal gemeenschappelijke eigenschappen. Ze hebben een hoog gemiddeld inkomen per hoofd van de bevolking, de inkomensverschillen zijn niet al te groot en er zijn goede overheidsvoorzieningen, waartoe alle burgers gelijkelijk toegang hebben. Het zijn zonder uitzondering zogenoemde 'high trust'-samenlevingen. Dat betekent dat de burgers vertrouwen hebben in de democratie en in de andere onderdelen van de samenleving. Grote rijkdom op zich is geen garantie voor een werkelijk aantrekkelijke samenleving. Daarvan zijn de Verenigde Staten het pijnlijke bewijs. In plaats van aanhoudend rond te tetteren dat de vs het beste land ter wereld is, zouden de Amerikanen zich beter kunnen afvragen waarom Canada en de kleine West-Europese staten zoveel aantrekkelijker naties zijn.

Gegeven zijn Nederlanderschap is de lezer van dit boek dus al aardig op weg naar een aantrekkelijk bestaan. Als hij desondanks toch ontevreden is, zou hij eventueel een aantal geluksstrategieën kunnen proberen, die de Amerikaanse geluksonderzoekers hebben ontworpen. Probeer een simpel leven te leiden, zoek het niet in materiële uitspattingen. Eerlijk gezegd zou het mij enorm verbazen als een lezer van dit boekje dol zou zijn op shoppen of een volger zou zijn van Kim Kardashian. Hopelijk weet u helemaal niet wie dat is, dan bent u vrijwel zeker een wat oudere, rustige en tevreden of zelfs gelukkige Nederlander. Dan had u dus helemaal geen gelukshandleiding nodig.

Ook als de meeste lezers van dit boekje wat oudere en tevreden Nederlanders zijn die hun eigen weg naar het geluk wel weten te vinden, moet er toch iets gezegd worden over de aanzienlijke frictie die er evident bestaat tussen de klassieke leefregels voor een tevreden leven, zoals hiervoor uiteengezet, en het triomfantelijke, agressieve materialisme waarmee wij dagelijks in alle media worden geconfronteerd. Kennelijk worden velen gefascineerd door extreme rijkdom en de totaal nutteloze dingen die daarmee mogelijk zijn. Denk ook aan het onophoudelijke geklets over 'de sterren' en hun materiële outillage. Je kunt al die mensen wel adviseren niet te participeren in de materiële competitie, maar ik ben bang dat het niet veel zal helpen. Mensen zijn extreem sociale wezens en zijn dus ook extreem gevoelig voor de pikorde in het sociale systeem waarvan zij deel uitmaken. Dat maakt ze statusgevoelig en status wordt vaak afgemeten aan materiële goederen. Zeker zijn er sociale systemen waar materieel bezit niet zwaar telt, maar die zijn meestal niet minder statusgevoelig, alleen wordt die status anders bepaald. Denk aan de wetenschappelijke wereld met zijn citatie-index en Nobelprijzen.

Verstandige mensen kunnen pleiten voor een eenvoudig leven tot ze een ons wegen, maar dat helpt niets tegen de sociaal-psychische basisuitrusting van de mens. Mensen willen erkend en liefst bewonderd worden, ze willen hun positie in de pikorde verbeteren. Ze willen applaus, al is het maar een heel klein beetje. Trouwens, willen we dat eigenlijk wel, een wereld van louter rustige, ambitieloze mensen, die een simpel leven leiden? Misschien valt er dan na een tijdje geen Nobelprijs meer uit te reiken. De sleutel tot een waarachtig leven zal toch wel weer in het midden liggen, ergens tussen een ambitieus leven en een eenvoudig leven in. Dat is ongetwijfeld een nogal gemakzuchtige conclusie, maar ik weet niets beters te verzinnen.

In een groot deel van dit boekje ging het over zaken die mijn persoonlijke geluk en tevredenheid bepaalden. Dat maakt nog eens ten overvloede duidelijk dat geluk en tevredenheid zeer persoonlijk zijn. Ik heb helemaal niet de illusie dat nu talloze lezers zullen zeggen dat ze dat ook allemaal willen gaan lezen en zien, maar ik vond het een groot genoegen deze kroniek van mijn eigen geluk te schrijven. Anderzijds zou ik al zeer tevreden, wellicht zelfs stil gelukkig zijn als maar een enkele lezer een van de boeken leest waarvan ik zo heb genoten, of in het najaar bij heldere hemel eens naar de sterren kijkt. Wie weet zal zelfs een enkeling de Neue Pinakothek in München bezoeken, om te controleren of het daar in de garderobe echt zo rustig is.

Dan zie ik u daar.

Gebruikte literatuur

James B. Allen, *The Psychology of Happiness in the Modern World. A Social Psychological Approach* (Springer Publishing Company 2018).

Sissela Bok, *Exploring Happiness. From Aristotle to Brain Science* (Yale University Press 2010).

William Davies, *The Happiness Industry. How the Government and Big Business Sold Us Well-being* (Verso 2015).

Jonathan Haidt, *The Happiness Hypothesis. Hiding Modern Truth in Ancient Wisdom* (Basic Books 2006).

Daniel M. Haybron, *Happiness. A Very Short Introduction* (Oxford University Press 2013).

Richard Layard, *Happiness. Lessons From a New Science* (Penguin Books, revised and updated edition 2011).

Sonja Lyubomirsky, *The How of Happiness. A New Approach to Getting the Life You Want* (Penguin Books 2008).

Keith Payne, *The Broken Ladder. How Inequality Affects the Way We Think, Live and Die* (Viking Books 2017).

Matthieu Ricard, *Happiness. A Guide to Developing Life's Most Important Skill* (Warner Books 2008).

Richard Wilkinson en Kate Pickett, *The Spirit Level. Why Equality is Better for Everyone* (Penguin Books 2009).